MEDITATION

Begegnung mit
der eigenen Mitte.
Einführung und
Anleitung.

Dr. med.
Almuth Huth
Dr. med.
Werner Huth

GU Gräfe und Unzer

Dr. med. Almuth Huth
1930 in Berlin geboren. Ärztin für Psychiatrie und Neurologie, Psychoanalytikerin in eigener Praxis. Mitautorin des GU-Ratgebers »Sprechstunde: Depressionen«.
Dr. med. Werner Huth
1929 in Amberg geboren. Arzt für Psychiatrie und Neurologie. Psychoanalytiker in eigener Praxis. Lehrbeauftragter für Grenzgebiete zwischen Anthropologie und Tiefenpsychologie an der Hochschule für Philosophie in München. Ausbildungstherapeut im Weiterbildungskreis für Psychoanalyse und Psychotherapie in München. Zahlreiche Veröffentlichungen über psychiatrische, psychotherapeutische und religionspsychologische Themen. Mitautor des GU-Ratgebers »Sprechstunde: Depressionen«.
Beide Autoren haben eine langjährige Schulung in christlichen und asiatischen Meditationsverfahren. Zahlreiche Reisen zu wichtigen Meditationsstätten, unter anderem auf den Berg Athos (Werner Huth) sowie nach Indien und in den tibetischen Kulturkreis.

CIP-Titelaufnahme der Deutschen Bibliothek

Huth, Almuth:

Meditation: Begegnung mit der eigenen Mitte;
Einführung und Anleitung / Almuth Huth; Werner Huth. – 3. Aufl. – München: Gräfe u. Unzer, 1990
(Ganzheitlich leben)
ISBN 3-7742-2474-9
NE: Huth, Werner:

3. Auflage 1990

Redaktion:
Doris Schimmelpfennig-Funke
Lektorat: Verena Zemme
Layout: Ludwig Kaiser
Herstellung: Robert Gigler
Fotos: Christoph Schneider
Umschlaggestaltung:
Heinz Kraxenberger, Ludwig Kaiser
Reproduktionen:
Oestreicher & Wagner GmbH
Satz: Gloor Satz Repro GmbH
Druck: Eberl GmbH
Bindung: Kösel, Kempten

ISBN 3-7742-2474-9

Bildnachweis:
Joss Bachhofer: Verrückte Weisheit; Leben und Lehre Milarepas.
© 1986 Edition Schangrila, Haldenwang: Seite 37
CDZ-Film: ESA METEOSAT (28. Juni 1986, 11[55] GMT), mit Genehmigung CDZ-Film: Seite 48
Chungliang Al Huang: Seite 73
Almuth und Werner Huth: Seite 67
»Garten der Lüste«, Museo del Prado, Madrid: Seite 33
Werner Neumeister: Seite 57

Die Nummern im Text verweisen auf die verwendeten Quellen (→ Literatur, Seite 76).

Inhalt

Wichtiger Hinweis

Meditation ist ein Weg, den auch unsere westliche Kultur seit Jahrhunderten kennt, der aber in unserer schnellebigen Zeit in Vergessenheit geraten ist. In den östlichen Kulturen ist der Weg der Meditation bis heute lebendig geblieben. Jeder Leser ist aufgefordert zu entscheiden, inwieweit Meditation einen Beitrag zu seinem Leben zu leisten vermag, zu seinem physischen und psychischen Wohlbefinden. Beachten Sie die einleitenden Hinweise sowie die Hinweise zu den einzelnen Übungen sorgfältig, und versuchen Sie, nichts zu erzwingen.

Ein Wort zuvor

Pater Hugo M. Enomiya-Lassalle S.J.
zum 90. Geburtstag
in Dankbarkeit und Verehrung gewidmet.

»Es ist hier die Rede nicht von einer durchzusetzenden Meinung, sondern von einer mitzuteilenden Methode, deren sich ein jeder als eines Werkzeuges nach seiner Art bedienen möge.«
Wir könnten das Anliegen unseres Buches nicht besser umreißen als mit diesem Satz von Goethe. Auch bei der Meditation geht es nicht um äußerliches Wissen: Meditation ist ein seit Jahrtausenden bekannter und bewährter Übungsweg, der zwar mit Hilfe fester Anweisungen erlernt werden muß, aber zu individuellen Erfahrungen führen soll. Er ermöglicht es uns, die Welt und uns selbst mit neuen Augen zu sehen, die sozusagen die Sichtweise des Kindes und des reifen Menschen *gleichermaßen* in sich schließen.
Lange Zeit wurde die Meditation bei uns im Abendland verdrängt, oftmals auch verflacht; seit einigen Jahren jedoch wird ihre Bedeutung zunehmend neu entdeckt. Dabei nennt sich allerdings manches »Meditation«, was diesen Namen nicht verdient. Auch mißbrauchen viele Jugendsekten und obskure Heilslehren aus Ost und West das Interesse an der Meditation für ihre fragwürdigen Zwecke.
Unser Buch soll Ihnen helfen, das Wesen der Meditation kennenzulernen und allein oder zusammen mit anderen zu meditieren. Da wir selbst vom Osten viel gelernt haben, aber unser geistiger Schwerpunkt im Abendland liegt, sind bis zu einem gewissen Grade auch östliche Meditationsanleitungen einbezogen.
Mit unseren Übungen möchten wir Ihnen einen Zugang zum eigenen Inneren, zu mehr Reife, aber auch Wohlbefinden eröffnen. Versuchen Sie, unser Buch von Anfang an »meditativ« zu lesen – Schritt für Schritt. *Beachten Sie die einzelnen Anweisungen sorgfältig, erzwingen Sie nichts!* Jede Meditation bedarf des geduldigen und konsequenten Übens.
Es würde uns freuen, wenn Sie durch die von uns ausgewählten Übungen dazu angeregt würden, eines Tages unter der Anleitung eines erfahrenen Meisters weiterzulernen. Sie finden am Ende des Buches Adressen von Meditationsstätten, an denen dies möglich ist, ohne einem Rattenfänger oder Scharlatan zu verfallen.

Almuth und Werner Huth

Begegnung mit der eigenen Mitte

In den letzten Jahrzehnten hat das allgemeine Interesse an der Meditation sprunghaft zugenommen. Die Menschen versprechen sich von ihr Einkehr, Sammlung und Begegnung mit der eigenen »Mitte«. Darum geht es zwar tatsächlich bei der Meditation; aber diese Feststellung bliebe leer, würde man nicht zugleich weiterfragen, was Meditation ist und wie sie »funktioniert«.
Wir möchten Ihnen die Frage nach dem Wesen der Meditation nicht so sehr mit unseren Worten beantworten, sondern hoffen, daß Sie mit Hilfe der Übungen, die wir Ihnen vorschlagen, selbst bis zu einem gewissen Grad eine Antwort finden können: *Ein wesentliches Kennzeichen der Meditation ist, daß der Meditierende zu den wichtigsten Einsichten selbst kommt.* Freilich geht das nicht ohne bestimmte Spielregeln, die es einzuhalten gilt, und ohne ein bestimmtes Verständnis, bevor man mit dem Üben beginnt. Denn das Gelingen der Meditation hängt nicht nur von der richtigen körperlichen Haltung beim Üben ab, sondern mehr noch davon, daß man mit der rechten gedanklichen und geistigen Einstellung übt.

Die rechte geistige Einstellung

Welcher Einstellung bedarf es nun zur Meditation? Ein sinnvoller Einstieg dürfte dabei sein, vom lateinischen *meditari* auszugehen, das dem Wort *Meditation* zugrunde liegt. (1) Es ist dies ein vielschichtiges Wort, das *nachdenken* und *einüben* gleichermaßen bedeutet. Zugleich aber liegt dem Wort *meditari* die Wurzel *med* zugrunde, die sowohl auf *ermessen* wie auf *bedenken* hinweist. Dem entnehmen wir, daß es beim meditieren um eine bestimmte Art von *übendem Nachdenken* geht, bei dem jene Mittelstellung gewahrt bleibt, die im *meditari* anklingt.

Übendes Nachdenken

Der Meditierende soll also dem Übergriff eines Denkens wehren, das mit seinen Begriffen die Welt einseitig zu be-greifen und damit »in den Griff« zu bekommen trachtet. Zugleich soll er beim Meditieren keineswegs einseitig seinen Gefühlen, Stimmungen und Affekten (Gemütsbewegungen) nachgeben, denn es widerspricht dem Geist wirklicher Meditation, dem meditierten Objekt lediglich gefühlsgeladen und stimmungsselig gegenüberzutreten.
Bei jeder Meditation geht es zwar um die *Tiefe* des Erlebens (was nicht mit Intensität, zum Beispiel wie in ekstatischen Zuständen, gleichgesetzt werden darf), zugleich soll aber die Meditation zu einem geistigen

Wachsamkeit und Hingabebereitschaft

Erkennen führen. Dies setzt eine Haltung voraus, bei der *Verstand und Gefühl, Wachsamkeit und Hingabebereitschaft* gleichermaßen beteiligt sind. Es kann uns dabei die Vorstellung helfen, unsere Kräfte und Möglichkeiten seien einem Zentrum in uns erwachsen, und eine positive Wirkung der Meditation bestehe darin, daß Leib, Seele und Geist, also *der ganze Mensch,* in dieser Mitte wieder zusammengeführt werden.

»Wiederkäuen«

Wenn in vielen älteren Meditationsanleitungen zur Kennzeichnung des meditativen Übens Tätigkeiten wie »fühlen«, »schmecken«, »verdauen« oder »wiederkäuen« angeführt werden, dann sind das Hinweise auf jene besondere Haltung, ohne die eine Meditation nicht gelingen kann. Unsere Sprache ist ein wenig geeignetes Instrument, diese Haltung angemessen auszudrücken. Jeder muß sie aus den Meditationsanweisungen selber herausfinden, wobei die Umschreibungen ihm helfen können.

Das Meditationsangebot

Welchen Weg der Meditation der Einzelne wählt, hängt von verschiedenen Umständen ab: vom Temperament und den Neigungen des Meditierenden, vor allem aber von seinen Interessen und Überzeugungen (zum Beispiel religiöser Art), nicht zuletzt freilich von den Meditationsangeboten, die ihm begegnen.

Grundsätzlich unterscheidet man Meditationsmethoden, bei denen sich der geistige Blick des Meditierenden auf bestimmte Funktionen des eigenen Körpers (zum Beispiel die Atmung) oder auf bestimmte Empfindungen, Gedanken oder Vorstellungen konzentriert, von Methoden, bei denen die Aufmerksamkeit auf äußere Objekte – Gegenstände, Töne, Worte oder Sätze – gerichtet ist. Beide Wege haben ihre Berechtigung.

Eine ausschießlich nach innen gerichtete Methode *ohne* Vorstellungen oder Gedanken ist freilich die wohl anspruchsvollste Form der Meditation; sie bedarf der Begleitung durch einen kundigen Meditationslehrer. Man spricht dabei von *ungegenständlicher Meditation,* wie sie sich zum Beispiel beim japanischen *Zen* (2), aber auch in der christlichen Mystik (3) findet. *Der Schwerpunkt unserer Ausführungen, die ja für* den Anfänger gedacht sind, liegt deshalb bei der gegenständlichen Meditation.

Gegenständliche Meditation

Meditatives Erleben – ein seelischer Grenzzustand?

Das Alltagsbewußtsein wird vertieft

Während ungegenständliche und gegenständliche Meditation stark voneinander abweichen, sind die Unterschiede zwischen »innen« und »außen« bei der Meditation eher zweitrangig, weil diese Unterscheidung mehr für unser alltägliches Denken gilt. Beim eigentlichen meditativen Erleben hingegen fallen Äußeres und Inneres mehr oder weniger zusammen.
Vielleicht macht Ihnen diese Bemerkung ein wenig Angst und Sie fragen sich, ob das denn noch »normal« sei. Außerdem hört man ja immer wieder, daß bei der Meditation leicht irgendwelche bedrohlichen Grenzzustände auftreten können.
Dazu ist zu sagen, daß bei der Meditation tatsächlich das Alltagsbewußtsein überschritten werden soll, aber nicht, um Grenzzustände heraufzubeschwören, sondern um es zu vertiefen! Gefährliche Grenzzustände sind fast immer die Folge eines einseitigen, unkontrollierten, übertriebenen Übens oder einer Meditationsanleitung, die diesen Namen nicht verdient. Sie weisen darauf hin, daß wesentliche Spielregeln der Meditation ernsthaft verletzt wurden. Mit wirklicher Meditiation haben sie nichts zu tun. Wo sie trotzdem auftreten, muß *sofort* das Üben eingestellt und ärztlicher Rat eingeholt werden! (4)

Bitte beachten!

Meditieren darf auch nicht, wer psychisch krank ist oder wer am Anfang oder mitten in einer psychotherapeutischen Behandlung steht. Mit Recht verlangen verantwortlich denkende Leiter von Meditationsstätten schon bei der Anmeldung zu ihren Kursen Auskunft zu diesen Fragen und genehmigen eine Teilnahme nur, wenn der behandelnde Therapeut die Meditation für unbedenklich hält.
Auch Beeinträchtigungen der körperlichen Gesundheit können die Meditation behindern – schon eine Erkältung kann die erwünschte Atmung unmöglich machen, wenn zum Beispiel die Nase verstopft ist, und man muß pausieren.

Regelmäßig üben!

Schließlich raten wir übermotivierten Menschen immer: Nicht zu viel, nicht zu oft, nicht zu lange meditieren. Ich kann das Heil nicht ersitzen! Üben Sie statt dessen regelmäßig.

Nicht in Abhängigkeit begeben!

Wichtig!

Auch vom Herumprobieren mit vielen verschiedenen Methoden und davon, sich in die faszinierte Abhängigkeit eines selbsternannten Guru zu begeben, können wir nur dringend abraten. Abhängigkeit und Meditation schließen einander aus! *Unsere Devise lautet: Allem Übertriebenen und Übersteigerten entgegensteuern!*
Der Balancegedanke, der der Meditation zugrunde liegt (→ Seite 49), schließt von seinem Wesen her Übertriebenheiten, aber auch Zwischenfälle bei der Meditation aus – *wenn man ihn beherzigt!*

Meditation als Weg zum Selbst

Ihre Fähigkeiten werden gefördert

Wenn Sie sich an unsere Übungsanweisungen halten, kann die Meditation wichtige Fähigkeiten fördern:

- Ihre *Konzentration* wird im allgemeinen zunehmen, dadurch kommt mehr Ordnung in Ihr Leben;
- die Arbeit an der körperlichen Haltung wird positive Auswirkungen auch auf Ihre *geistig-seelische Haltung* haben;
- durch das Beachten des Balancegedankens lernen überwiegend vom Verstand bestimmte Menschen, mehr Gefühl bei sich zuzulassen, während emotional überbetonte Menschen mehr *Kontrolle über ihre Impulse erlangen;*
- auch wenn Sie unter unvermeidbarem Druck von außen stehen, können Sie in sich *Heiterkeit und Gelassenheit* entwickeln durch stärkere *Hinwendung zum Wesentlichen;*
- vor allem aber hilft das meditative Üben, den Prozeß der *geistigen Orientierung* zu fördern und die *Glaubensfähigkeit* zu vertiefen.

Natürlich ist die Meditation kein Schlüssel zu einem irdischen Paradies. Aber da sie Einseitigkeiten abbauen und uns helfen kann, zu unserer »Mitte« zu kommen, kann sie im Rahmen des jeweils Möglichen dazu beitragen, daß wir reifer werden. Denn die Meditation wirkt über die *Freisetzung* und *Entwicklung von Möglichkeiten,* die in uns schon angelegt sind. *Durch Meditation, wie wir sie verstehen, werden Wachheit und Sensibilität des Übenden gefördert,* ja unter Umständen kann er sogar in die Haltung eines »Pontifex oppositorum« (5) hineinwachsen, eines Menschen, der innere und äußere Gegensätzlichkeiten zu überbrücken vermag.

Gemeinsamkeiten der westlichen und östlichen Meditationspraxis

Der Balancegedanke liegt der westlichen wie auch der östlichen Meditationspraxis zugrunde, was freilich nicht sofort ins Auge springt. Betrachtet man nämlich die Lebensgeschichte großer Meditationslehrer in West und Ost, zum Beispiel von Ignatius von Loyola (1491 bis 1556), dem Begründer des Jesuitenordens, oder im Osten von Gautama Buddha (wahrscheinlich 563 bis 483 v. Chr.), dem Begründer des Buddhismus, so könnte man auf den ersten Blick meinen, es gelte eher das Gegenteil: Beide Persönlichkeiten gingen im Laufe der Entwicklung ihrer meditativen Praxis durch Jahre größter Extreme hindurch. Dabei darf allerdings nicht übersehen werden, daß beide geniale, schöpferische Menschen waren, die, wie andere große Entdecker auch, erst über Umwege zu ihren eigentlichen Erkenntnissen fanden. Nachdem ihnen dies gelungen war, lösten sich beide von ihrer bisherigen Ausschließlichkeit und rangen sich zu einem »mittleren Weg« durch, wie der Buddha das bezeichnet hat, einem Weg also, der zwischen einer einseitigen Auslieferung an die Sinnenfreuden und einer fanatischen Askese liegt. Diesen Weg suchten sie auch ihren Schülern zu vermitteln.

Ein mittlerer Weg

Es wäre hochmütig und vermessen, wollte man als Anfänger manche zeitgebundene Übertriebenheiten genialer Meditierender nur nachvollziehen; statt sich von ihnen belehren zu lassen, worum es bei der Meditation *tatsächlich* geht.

Wer sich näher mit der Geschichte der Meditation in West und Ost beschäftigt, wird feststellen, daß ihre Entwicklung manche verblüffenden Übereinstimmungen aufweist. Das erklärt sich daraus, daß es zwar unendlich viele Philosophien und unzählige unterschiedliche soziale und geistige Vorgegebenheiten gibt, auch eine unüberschaubare Fülle meditativer Praktiken, aber letztlich nur *eine* meditative Erfahrung. (6)

Mit kleinen Schritten beginnen

Wenn Sie sich mit dieser Erfahrung vertraut machen möchten, sollten Sie »von unten her« mit kleinen Schritten beginnen, sich aber über jeden gelungenen Schritt freuen. »Von unten her« anfangen heißt in bezug auf unser Buch, daß wir uns zunächst einmal mit der Körperhaltung bei der Meditation beschäftigen wollen. Ihr gelten die ersten Übungen.

Über die Praxis der Meditation

Der ganze Mensch ist beteiligt

Mit Leib und Seele

Wir geben Ihnen die erste Übung zur Meditation an die Hand. Der Schwerpunkt dieser Annäherung liegt bei der Erfahrung des Leibes, der immer in die Meditation einbezogen werden sollte, denn es geht bei ihr darum, daß der ganze Mensch mit Leib und Seele beteiligt ist. Wir möchten so von vornherein der heutigen Tendenz zur *Aufspaltung* in Körper und Seele entgegenwirken. Im Unterschied zum Sport, der sich nach *außen* wendet und die Leistung des Körpers, den man *hat,* ins Zentrum stellt, geht es hier um den Leib, der man *ist.* Der Leib ist ein einzigartiges Instrument zur Eröffnung des eigenen *Inneren,* vorausgesetzt, man kann sich in den Zustand einer gesammelten Ruhe und Stille bringen.

Der Übungsraum

Sie müssen sich wohlfühlen

Ziehen Sie sich zur Meditation bewußt in einen Raum zurück, in dem Sie sich wohlfühlen und in dem Sie ungestört sind. Schalten Sie alle Außenreize soweit wie möglich aus, und sorgen Sie dafür, daß der Raum gut gelüftet ist. Das Licht sollte nicht zu grell, aber auch nicht zu düster sein. Sie sollten sich dort ohne störenden Lärm und zunächst ohne andere Menschen ganz in Ruhe konzentrieren können; später dann wird es möglich, daß Sie auch zusammen mit Ihnen vertrauten Menschen meditieren. Überlegen Sie, ob Sie nicht während der Zeit der Übung Telefon und Türklingel abstellen können. Je ruhiger und harmonischer Ihre Umgebung ist, desto besser sind zunächst die Voraussetzungen für das Gelingen der Meditation; mit zunehmender Praxis werden Sie davon unabhängiger.

Die Kleidung

Wählen Sie für die Meditation bequeme, warme Kleidung. Sie sollte Sie nicht beengen und stören, sondern den Körper locker einhüllen und warmhalten, während Sie stillsitzen, ohne sich zu bewegen. Bei der für Sie sicher zunächst ungewohnten Haltung der Beine und Füße zirkuliert dort das Blut langsamer: Probieren Sie deshalb die Wirkung von Wollsocken aus, denn als Anfänger bekommen Sie leicht kalte Füße. Später erst wird sich Wärme entwickeln.

Über das Sitzen

Aufrecht, konzentriert, bewußt

Sitzen Sie gewollt aufrecht; das wird Sie vom Dösen und – im wahrsten Sinne des Wortes – sogar vom Einschlafen abhalten: Bei der wesensbedingt reizarmen Situation vieler meditativer Übungen gleitet man nur zu leicht in die Schläfrigkeit ab; dem wirken die konzentrierten Sitzhaltungen entgegen, die in Ost und West für die Meditation entwikkelt wurden.
Das für uns Europäer ungewohnte Sitzen auf dem Boden ist übrigens für sehr viele Menschen in außereuropäischen Ländern die normale Sitzhaltung; der Yogaforscher Feuerstein hat die europäische Art zu sitzen vehement kritisiert:
Normalerweise ist das Sitzen des Abendländers, so sagte er, »weder das amts- und gnadenbewußte Thronen eines Priesters oder gottberufenen Königs noch das gelassene und hingegebene Hocken des Inders oder Arabers. Es ist im Grunde eine Fehlhaltung: krampfhaft, verspannt, ohne Würde, Ruhe oder Kraft. Sie ist das getreue Spiegelbild seiner inneren Zerrüttung« (7).

»Thronen ohne Thron«

Auch wenn man sich dieser extremen Meinung nicht anschließen will – die Entwicklung der Meditation hat gezeigt, daß sich die indische Yogahaltung beziehungsweise die davon abgeleitete Haltung beim Zen in besonderer Weise für die Meditation eignet: Das »Thronen ohne Thron«, das *āsana,* ermöglicht ein aufmerksames Spüren des eigenen Körpers und damit ein einzigartiges In-sich-Gehen. Deshalb werden wir den Lotos-Sitz als eine Grundhaltung bei der Meditation genau beschreiben.
Als mögliche Alternativen kommen der *Reit-Sitz* und der *Eutonie-Sitz* dazu; das *Liegen* und das *meditative Gehen* brauchen Sie für die ersten Übungen noch nicht zu erlernen, beide sollen aber an dieser Stelle im inneren Zusammenhang vorgestellt werden.

Der Grundsitz: Lotos-Sitz

Nehmen Sie ein 6 bis 12 cm hohes, fest gestopftes Kissen, und setzen Sie sich im Schneidersitz darauf: Nun verschränken Sie die Beine so, daß der linke Fuß auf dem rechten Oberschenkel und der rechte Fuß auf dem linken Oberschenkel ruht, während beide Knie flach auf dem Boden liegen (→ Abbildung Seite 15). (Sie können es auch umgekehrt

Der Lotos-Sitz, der Zen-Sitz, ermöglicht ein aufmerksames Spüren des eigenen Körpers und damit ein einzigartiges In-sich-Gehen – Voraussetzung für jede Meditation.

machen, wenn Ihnen das leichter fällt.) Sollten Sie sehr kälte- oder druckempfindlich sein, können Sie eine Decke unterlegen.

Solange dem Anfänger die Verschränkung der Beine zu schwierig ist, sollte er sich damit begnügen, nur den einen Fuß auf den Schenkel zu legen, der flach auf dem Boden ruht *(Halblotos-Sitz)*. Der andere Fuß sollte dabei möglichst nahe an den Körper herangezogen werden.

Halb- und Viertellotos-Sitz

Eine noch mildere Form ist der »*Viertellotos-Sitz*«: Der eine Fuß liegt auf der Wade, der andere unter dem gegenüberliegenden Bein (→ Abbildungen Seite 17).

Nun setzen Sie sich genau auf Ihre beiden Sitzhöcker (Gesäßknochen) und richten Ihre *Wirbelsäule* kerzengerade auf; damit kippt Ihr Becken nach vorne. Halten Sie auch den *Kopf* senkrecht in der Verlängerung der Wirbelsäule, und ziehen Sie dabei das Kinn an. Die Nasenspitze befindet sich senkrecht über dem Bauchnabel. Wegen der Krümmung der Wirbelsäule ist somit der Kopf leicht nach unten geneigt.

Achten Sie auf die Entspannung der Stirn sowie der *Kaumuskeln:* Lippen und Zunge sollen entspannt sein, und die Zunge sollte den Gaumen leicht berühren. So bleibt der Mund feucht, gleichzeitig wird verhindert, daß sich während einer Sitzung zuviel Speichel bildet.

Lassen Sie die Augen ein wenig geöffnet, um nicht ins Tagträumen abzugleiten. Richten Sie den Blick der Nase entlang auf einen Punkt am Boden oder an der Wand, etwa einen Meter vom Körper entfernt.

Der innere Blick richtet sich auf den Harapunkt

Konzentrieren Sie sich aber nicht geistig auf diesen Punkt. Völlig falsch wäre es vor allem, diesen Punkt durch einen Gegenstand zu markieren, denn der Blick sollte keinesfalls nach außen gerichtet sein; er sollte allerdings auch nicht umherschweifen. Am besten ist es, wenn Sie den inneren Blick, das »geistige Auge«, in der Vorstellung auf einen Punkt etwa zwei bis drei Querfinger unterhalb des Nabels, den *Harapunkt* (8), wenden, wo man sich in Asien den Schwerpunkt des Menschen vorstellt.

Den Harapunkt finden Sie am besten, wenn Sie beim Einatmen mit dem Bauch fest gegen einen Widerstand pressen, zum Beispiel gegen die Faust einer Hilfsperson: Die Stelle, an der Sie dabei die meiste Kraft entwickeln, ist der Harapunkt. (Im chinesischen Tai Ji entspräche dieser Punkt dem »Tan'tien-Punkt« [9].)

Durch die aufrechte Haltung der Wirbelsäule kann der *Bauch* sich »trommelartig« nach vorne wölben; das ist für eine tiefe Bauchatmung wichtig (→ Atem und Meditation, Seite 30).

Der Halblotos-Sitz (links) **und der Viertellotos-Sitz** (rechts) unterscheiden sich vom Lotos-Sitz in der Beinhaltung. Für den Anfänger ist es sicher einfacher, mit einer dieser Haltungen zu beginnen.

Die Hände bilden eine Schale

Halten Sie die *Hände* vor dem Harapunkt mit dem Handrücken nach unten wie eine Schale, wobei ein Handrücken in die geöffnete andere Hand gelegt wird, und zwar so, daß sich die Daumenspitzen bei waagerechter Daumenhaltung leicht berühren (→ Abbildung Umschlagrückseite). Sollten Sie dabei die Schultern verkrampfen, so können Sie die Hände in dieser Haltung auch auf den Leistenbeugen ruhen lassen.

Falls es nicht gleich gelingt: der Reit-Sitz

Vielen Europäern fällt der Lotos-Sitz recht schwer. Setzen Sie sich in diesem Fall im Reit-Sitz (→ Abbildungen Seite 19) auf ein oder zwei übereinandergelegte Meditationskissen. Sie können allerdings auch im Knien auf einem speziell für diesen Zweck angefertigten Bänkchen meditieren, das Sie an vielen Meditationsstätten kaufen können (→ Seite 80).

Probieren Sie dennoch immer wieder für kurze Zeit den *Lotos-Sitz* aus, damit Sie allmählich elastischer werden. Treten trotz aller Bemühungen beim Sitzen Schmerzen auf, womit Sie anfangs rechnen müssen, so sollten Sie weder die Zähne zusammenbeißen und den Schmerz einfach aushalten, noch Wehleidigkeit zeigen. Spüren Sie innerlich die schmerzenden Stellen auf. Richten Sie Ihre volle Aufmerksamkeit auf diese Punkte; dann wird der Schmerz meist deutlich nachlassen.
Die meisten von uns allerdings werden ohne Anleitung den Lotos-Sitz wohl kaum wirklich erlernen. In einem solchen Fall sollte man sich nicht scheuen, eine andere Haltung einzunehmen, denn Meditation hat nichts mit Selbstquälerei zu tun. Im Gegenteil! Wenn Selbstquälerei im Spiel ist (im Unterschied zum freiwilligen Verzicht, im Unterschied auch zum Aushalten unvermeidlicher Spannungen), wird das Wesen der Meditation verfehlt!

Finden Sie zu Ihrer Haltung

Die westliche Alternative: der Eutonie-Sitz

Falls Sie also mit dem Lotos-Sitz auf die Dauer Schwierigkeiten haben, so sollten Sie sich für Ihre Meditationsübungen zu einer anderen Sitzhaltung entschließen. Am günstigsten ist dabei eine Haltung, die sich von der Eutonie* ableiten läßt. (10) Eutonie ist eine Übungsweise zum Erreichen einer ausgewogenen, bestmöglichen Spannungsqualität.
Sie benutzen einen Stuhl mit oder ohne Lehne, dessen Sitzfläche waagerecht und so hoch ist, daß Sie im Sitzen die Oberschenkel waagerecht halten können. Gegebenenfalls müssen Sie die Sitzhöhe vergrößern (durch eine Decke auf der Sitzfläche) oder aber verkleinern (durch eine Decke unter den Füßen). Aus der rechtwinkeligen Beugung der *Kniegelenke* ruhen die *Fußgelenke* in einer klaren Senkrechten. Die *Fußsohlen* (ohne Schuhe!) liegen von den Fersen bis zu den Zehen fest auf dem Fußboden. Achten Sie dabei auf möglichst gute Bodenfühlung und darauf, daß Ihre Füße warm sind (→ Abbildungen Seite 19).
Haben Sie bewußten Kontakt zum Fußboden und zum Sitz, so richtet sich Ihre *Wirbelsäule* »wie von selbst« in die geschwungene Senkrechte. Wenn Sie im genannten Sinne auf Ihrem Stuhl sitzen, haben Sie kein Bedürfnis mehr, sich anzulehnen.

Wichtig: der Kontakt zum Boden

* griechisch *eu* = wohl, recht, harmonisch; *tonos* = Spannung

Der Reit-Sitz
auf einem Bänkchen (links) oder einem Meditationshocker (rechts) macht jenen Menschen das Sitzen leicht, für die der Lotos-Sitz zu schwierig ist.

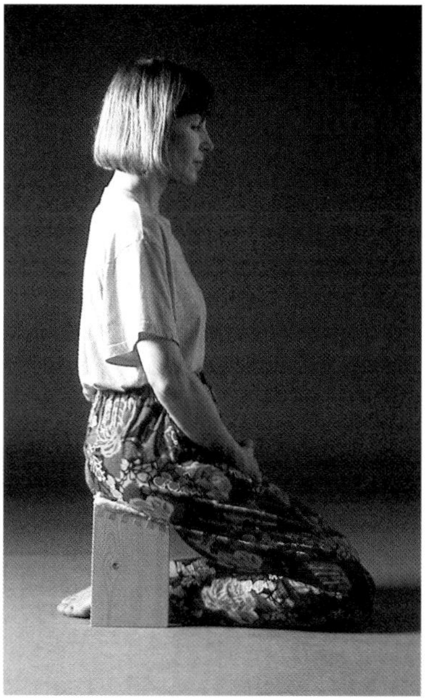

Der Eutonie-Sitz
auf einem Stuhl oder einem Hocker ist die einfachste Art des Sitzens. Wichtig ist die gute Bodenfühlung. Wenn nötig: Die Füße auf eine zusammengefaltete Decke stellen (rechts).

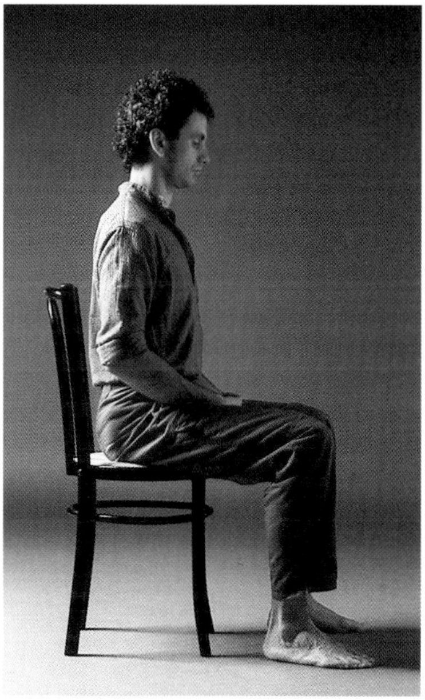

»Inspiriert« sitzen

Ihre Körperhaltung ist dann richtig, wenn Sie das Gefühl haben, weder verkrampft dazusitzen noch durchzuhängen »wie ein Mehlsack«, sondern wenn Sie spüren, wie sich die Wirbelsäule vom Becken her nach oben aufbaut, etwa so wie ein Getreidehalm, der im Boden verwurzelt ist und sich der Sonne entgegenstreckt.
Auch die *Kopfhaltung* entspricht jener beim Lotos-Sitz, das heißt, daß das Scheitelgebiet der höchste Bereich ist, nicht jedoch Stirn oder Hinterkopf. Sie sitzen also weder »gebeugten Hauptes« noch »hochnäsig« da.
Der Blick ist leicht abgesenkt. Die *Augen* bleiben wie beim Lotos-Sitz (→ Seite 16) leicht geöffnet. Dies verhindert das Dösen oder Tagträumen. Die *Schultern* werden locker gelassen, sollen aber nicht nach vorne fallen; die *Oberarme* liegen seitlich am Rumpf. Für die Handhaltung gilt das auf Seite 17 Gesagte. Sie können die Hände aber auch auf den Oberschenkeln ruhen lassen.

Das Liegen

Entspannt, aber bewußt liegen

Die Liegehaltung (→ Abbildung Seiten 78 und 79) ist die Voraussetzung für verschiedene *imaginative Techniken* (→ Seite 64). Legen Sie sich dazu zunächst mit dem Rücken auf eine nicht zu weiche Unterlage (am besten auf eine am Boden ausgebreitete Wolldecke). Fühlen Sie dann langsam, bei den Fersen beginnend, nach oben bis zum Hinterkopf Ihren Körper Glied für Glied durch. Lassen Sie sich Zeit. Fühlen Sie in voller Bewußtheit, wie jeder Teil unterschiedlich fest auf der Unterlage liegt. Geben Sie jeder Spannung, die Sie spüren, nach, und lockern Sie sanft Glied für Glied Ihres Körpers. Wenn Ihnen das an einer bestimmten Stelle mißlingt, so spannen Sie, willentlich, aber nicht ruckartig, diesen Körperteil für einige Sekunden an und lassen dann wieder los. Wechseln Sie anschließend einige Male zwischen Anspannung und Entspannung, immer im Wissen: »Ich spanne jetzt an« – »Ich lasse jetzt los«, bis Sie einen angenehmen, wohligen Körperzustand erreicht haben.
Halten Sie sich vor dem Beginn der eigentlichen Übung noch einige Zeit in diesem Zustand auf, und spüren Sie dabei das Zusammenspiel der Schwerkraft, die Sie in die Unterlage drückt, mit dem Untergrund, der Sie hält.

Suchen Sie in gesammelter Haltung, geerdet und in sich ruhend wie ein Berg, nach oben zu wachsen. Die Hände halten Sie am Harapunkt wie eine Schale. Oben, Mitte und Unten bilden so eine Einheit.

Jede verkrampfte Bemühung zerstört die Einheit, um die es bei der Meditationshaltung geht. Ein alter Zenmeister sagte: »Nur um Haaresbreite aus dem Lot gewichen – und Himmel und Erde fallen auseinander.«

Das meditative Gehen, eine Übung aus dem Zen, kann als Meditationsübung verwendet werden. Wichtig ist, daß Sie unverkrampft, in wacher Bewußtheit gehen.

Das meditative Gehen

Eine eigenständige Übung

Wir möchten auf eine weitere meditative Körperübung hinweisen: das meditative Gehen (→ Abbildung oben und Seite 23). Es nennt sich im Japanischen »Kin hin« und ist eine Übung, die insbesondere beim Zen ihre Bedeutung hat. Da aber das Erlernen des Zen unbedingt der Anleitung eines Lehrers bedarf, haben wir auf seine Darstellung verzichtet. Wir meinen jedoch, daß es durchaus sinnvoll ist, das meditative Gehen als eigenständige Übung zu verwenden.
Stellen Sie sich dazu zunächst etwas breitbeinig hin, so daß Ihr Schwerpunkt im Beckenbereich liegt. Wachsen Sie von dort aus nach oben, so daß Sie das Gefühl einer deutlichen Streckung Ihres Körpers haben. Der *Rücken* sollte so gerade wie möglich sein. Machen Sie also kein Hohlkreuz und auch keinen Rundrücken. Den Kopf halten Sie entsprechend der Krümmung der Halswirbelsäule *aufrecht* wie beim Lotos-Sitz (→ Seite 14). Die *Augen* sind leicht geöffnet, gleichfalls wie bei der Zenhaltung. Ihr Blick richtet sich etwa drei Meter nach vorne auf den Boden. Schließen Sie dann (als Rechtshänder) die rechte Hand zur Faust, wobei Sie den Daumen in die geschlossene Hand legen. Die Faust drücken Sie, mit den Knöcheln nach oben, leicht an das Sonnengeflecht, einen zwischen Nabel und Brustbein gelegenen Bereich des

Oberbauches. Die andere Hand legen Sie locker um die Faust. Die Unterarme bilden dabei im idealen Fall eine Horizontale.
Sehr wichtig ist es, daß Sie die *Schultern* fallenlassen, so daß Sie keinesfalls im Schulter-Nacken-Bereich verkrampft sind.
Rollen Sie nunmehr den Fuß langsam (über eine gedachte Linie zwischen Ferse und zweiter Zehe) ab, während Sie zugleich die andere Ferse heben. Folgerichtig setzen Sie das langsame Gehen fort, und so gehen Sie in wacher Bewußtheit ganz langsam »Schritt für Schritt« mit kleinen Schritten. Konzentrieren Sie sich dabei ausschließlich auf das Gehen, wobei das Zentrum Ihrer Aufmerksamkeit der Harapunkt sein sollte. Der Rhythmus des Gehens wird vom Atmen bestimmt, das heißt, jeder Fuß wird neu mit dem Ausatmen aufgesetzt. Das Tempo beim Gehen ist dann richtig, wenn Sie für 40 Meter etwa 10 Minuten brauchen.

Mit dem Atem gehen

Das meditative Gehen geschieht langsam, Schritt vor Schritt, mit kleinen Schritten und im Rhythmus des Atmens.

Haltung – Spannung – Atmung

Innere Vorbereitung

Mit der richtigen Kleidung, einem geeigneten Raum und der Wahl der Ihnen gemäßen Sitzhaltung haben Sie alle äußeren Vorbereitungen für die erste Meditationssitzung abgeschlossen und könnten jetzt mit der Übung beginnen. Vorher möchten wir Sie aber mit dem vertraut machen, worum es in der ersten Übung *inhaltlich* geht: mit der Haltung, der Spannung und der Atmung.(11)

Haltung

Unsere Haltung spiegelt unser Grundverhältnis zur Wirklichkeit wider. Dabei geht es darum, fest auf dem Boden zu stehen (der letztlich immer auch ein »Boden der Tatsachen« ist). Zugleich gilt es, den eigenen *Schwerpunkt* zu finden und damit die eigene *Mitte* – im direkten und im übertragenen Sinne.

Körperlich ist dieser Schwerpunkt im Bauch-Becken-Raum lokalisiert; er öffnet sich von da aus bis zum *Scheitel,* symbolisch gesprochen, bis zum seelisch-geistigen Bereich. Damit ist der *ganze* Mensch gemeint – sozusagen vom Scheitel bis zur Sohle!

Suchen Sie Ihren Schwerpunkt

Suchen Sie Ihren Schwerpunkt immer wieder aufs neue während der Meditationsübung. Bauen Sie Ihre Haltung bewußt »von unten her« auf: Vollführen Sie kleine »achterförmige« Bewegungen mit dem Becken, sowohl nach rechts und links als auch nach vorne und hinten, um sich so zu zentrieren. Stellen Sie sich dabei einen Getreidehalm vor, der sich der Sonne entgegenstreckt.

Achten Sie besonders auf jene Stellen, an denen Sie »steif« sind. Versuchen Sie nicht, diese Blockierungen aktiv und verbissen zu überwinden, sondern geben Sie den Spannungen nach: Wenn das nicht geht, so verstärken Sie die Spannungen zunächst durch bewußte Anspannung der betroffenen Partie, und lassen Sie dann bewußt locker. Wiederholen Sie den Vorgang an jeder Stelle mehrere Male.

Die Verneigung

Zur richtigen Haltung gehört auch der gute Brauch in Ost und West, daß man sich zu Beginn und am Ende der Meditation tief verneigt. Darin drückt sich die Verehrung jener geistigen Wirklichkeit aus, zu der man bei der Meditation in Beziehung treten möchte. Zugleich ist die Verneigung ein Zeichen der Dankbarkeit für den Platz, an dem man die Kräfte zu konzentrieren versucht, und für die Zeit, die einem zur Sammlung, Einkehr und Begegnung mit dieser geistigen Wirklichkeit geschenkt worden ist (→ Abbildung vordere Umschlaginnenseite).

Spannung

Sobald Sie sich in die Meditationshaltung begeben und sich auf sich selbst konzentrieren, werden Sie an allen möglichen Stellen Ihres Körpers innere Spannungen wahrnehmen, meist von wechselnder Art und Stärke. Ja, zeitweilig können Sie sich sogar insgesamt verspannt fühlen. Häufig können Sie durch diese Spannungen von Ihrer Konzentration abgelenkt werden. Diese Spannung ist kein fester Zustand, sondern ein ständig wechselndes Geschehen. Suchen Sie daher keinesfalls, in sich eine ideale Spannung anzutreffen. Sie würden sonst lediglich Ihrem eigenen Suchbild nachlaufen, anstatt sich von Ihren Wahrnehmungen leiten zu lassen. Wenn Sie also auf Spannungen stoßen, so akzeptieren Sie sie: »Aha, hier habe ich also eine Spannung.« (12) Sie werden auf diese Weise viel leichter in einen guten Spannungszustand kommen, als wenn Sie aktiv versuchen, eine Verspannung aufzuheben: »Jetzt laß doch endlich los!«

Ein ständig wechselndes Geschehen

Wenn Sie sich tiefer in diese Spannungen einlassen, werden Sie feststellen, daß sich in ihnen Ihr seelischer Zustand ausdrückt. Probieren Sie vor der Meditation vielleicht einmal aus: »Wie fühlt sich mein Körper an, wenn ich an verschiedene Situationen und Menschen denke, mit denen ich angenehme beziehungsweise unangenehme Vorstellungen und Erinnerungen verbinde?«

Atmung

Die »natürliche« Atmung bei der Meditation ist die *Bauchatmung*. Sie vermittelt ein ruhiges Bei-sich-Sein, während sich in der Brustatmung vorwiegend unser bewußtes Wollen oder unsere Erregung ausdrückt. Bauchatmung ist Zwerchfellatmung: Man läßt die Luft tief in den Bauchraum hinein, jedoch ohne sie hineinzupressen. So kommt es zu einem deutlichen Heben und Senken des Unterleibes. (Zur Erinnerung: Heben bei der *Ein*-Atmung). Würde man dagegen die Häufigkeit des Atemschöpfens oder den Rhythmus zwischen Ein- und Ausatmung künstlich beeinflussen oder die Luft gewaltsam in sich hineinpressen, käme es leicht zu Verspannungen im Brustraum – dieser sollte jedoch bei der Meditation möglichst ruhig gehalten werden.

Den Atem fließen lassen

Das *Einatmen* erfolgt *durch die Nase*; der Mund bleibt dabei geschlossen. Oftmals ist es ein Zeichen dafür, daß ein Mensch »den Mund nicht voll genug« bekommen kann, wenn er die Mundatmung der Nasenatmung vorzieht. Wer nicht durch die Nase atmet, läßt außer acht, daß sich im Nasen- und Rachenraum natürliche Hindernisse befinden (ein kompliziertes Kammer- und Muschelsystem, Schleimhäute und Flimmerhärchen), die die Luft reinigen und anwärmen. Die ihrem Wesen nach auf Ruhe angelegte Meditation ist ohne Nasenatmung praktisch nicht möglich.

Nasenatmung

Viele Menschen, vor allem in unserer Zivilisation, atmen zu kurz aus. Sie können dieser Tendenz entgegenwirken, indem Sie bei einem wohltuenden Gähnen, beim Stöhnen, beim Singen oder beim Summen auf einem Ton, diesmal also mit geöffnetem Mund, die Aufmerksamkeit auf die Ausatmung richten. Sie werden dabei feststellen, wie viel Luft Sie normalerweise in den Lungen zurückbehalten. Versuchen Sie, ob Sie das ohne Verkrampfung und ohne Einsatz der Brustmuskulatur ändern können.

Sanft atmen

Eine Formel für das zeitliche Verhältnis zwischen Ein- und Ausatmung anzugeben, scheint uns fragwürdig, nicht zuletzt, weil sonst die Gefahr der Selbstmanipulation gegeben ist. Hilfreich ist jedoch vielleicht die Vorstellung, so sanft zu atmen, daß selbst eine vor der Nase liegende Flaumfeder durch Ihren Atemstrom nicht weggeblasen wird. Damit wird anschaulich, daß die Atmung bei der Meditation keineswegs forciert werden soll.

Die Anweisung zum »natürlichen« Atmen klingt einfacher als sie ist: Sie besteht nicht im Erlernen einer komplizierten Technik, sondern im rechten Abstimmen von Körperhaltung, Spannung, Atmung und ruhigem Bewußtsein. Im Grunde verhält es sich dabei nicht anders als bei der schwierigen Aufgabe eines Sängers, ein Lied völlig natürlich vorzutragen.

Über die ruhige Atmung zur inneren Ruhe

Bei der Meditation dauert es Jahre, bis Sie zu jener ruhigen Atmung finden, die eine unabdingbare Voraussetzung für tiefere Versenkungszustände ist. Aber schon wenn Sie sich täglich zehn Minuten morgens oder abends oder besser noch morgens *und* abends, möglichst zur selben Zeit, in Meditationshaltung in die Stille begeben und dem Kommen und Gehen Ihres Atems wach folgen, werden Sie einen beglückenden Zustand innerer Ruhe erreichen. Mancher findet allerdings eher beim meditativen Gehen zu der erwünschten Atmung (→ Seite 22). Anfangs schweifen die Gedanken nach einer gewissen Zeit ab. Viele Menschen lieben diesen Zustand, in dem ihre Gedanken dahingleiten, und bezeichnen ihn als Meditation. Er hat damit aber nichts zu tun, und es ist falsch, sich ihm beim Meditieren hinzugeben, weil er zwangsläufig zum Dösen oder Tagträumen führt. Beschränken Sie sich statt dessen darauf, Ihrem Atem zu folgen. Wenn auch das Sie nicht von Nebengedanken abhält, oder wenn es Sie zu sehr ermüdet, so konzentrieren Sie sich darauf, Ihre Atemzüge zu zählen. Zählen Sie von eins bis zehn, und fangen danach erneut mit eins an. Sind Sie dabei innerlich eher unruhig, so konzentrieren Sie sich auf die Ausatmung (Regelfall). Sie können aber auch ausschließlich die Atemzüge bei der Einatmung zählen, wenn Sie feststellen, daß Sie müde sind oder ins Dösen kommen.

Eine Hilfe

Die erste Meditationsübung

Nachdem Sie sich verneigt haben, setzen Sie sich in der Ihnen gemäßen Meditationshaltung hin. Überprüfen Sie nun bei sich die drei Grundelemente der Meditation: Haltung, Spannung und Atmung, und versuchen Sie, diese in eine möglichst gute Balance zu bringen. In dem Maße wie es Ihnen gelingt, in diese Balance zu kommen, können Sie sich immer mehr Ihrem Atem überlassen. Beenden Sie die Übung auch wieder mit einer Verneigung.
Vielleicht können Sie die Dauer der einzelnen Übungen auf täglich 15 bis 20 Minuten ausdehnen. Wichtiger aber als die Dauer ist, daß Sie regelmäßig, das heißt: täglich, üben.

Erfahrungen nach der ersten Sitzung

Die drei Stützpfeiler jeder Meditation

Sicher haben Sie während der ersten Übung – abgesehen von der ungewohnten Sitzhaltung – eine Fülle von Erfahrungen gesammelt, über die Sie jetzt mehr wissen möchten. Deshalb wollen wir Ihnen an dieser Stelle den Sinn von Haltung, Spannung und Atmung genauer erläutern, denn natürlich gibt es über diese drei Stützpfeiler jeder Meditation wesentlich mehr zu sagen, als wir das bisher getan haben; mit den knappen Anleitungen sollten Sie zunächst vor allem ein brauchbares Handwerkszeug erhalten.

Über die Haltung

In seiner körperlichen Haltung manifestiert sich immer auch die geistig-seelische Haltung eines Menschen. Ja, letztlich formt eine die andere. Vermutlich werden Sie gemerkt haben, daß Sie mit der aufrechten, geraden Haltung der Meditationssitzarten Schwierigkeiten haben. Eine mögliche Ursache hiervon ist die Fehlhaltung vieler Menschen, die darin besteht, daß sie oftmals so sitzen, als wollten sie etwas festhalten, wobei sie gleichzeitig versuchen, nach außen Haltung zu bewahren. Dabei treten leicht Verspannungen in Schultern und Nackenmuskeln auf. Sie sind ein körperlich faßbarer Ausdruck unserer Tendenz zur »Halsstarrigkeit«, mit der wir uns dem »Fluß des Lebens« trotzig oder ängstlich entgegenstemmen. Zugleich versuchen wir oft, die Arme festzuhalten und »verbissen« das Kinn vorzustrecken, in der Hoffnung, uns auf diese Weise zu behaupten (→ Abbildungen Seite 21).

Erspüren Sie Ihre Haltung

Versuchen Sie zunächst einmal, Ihre Haltung zu erspüren und anzunehmen. Fragen Sie sich dann: »In welcher Richtung könnte ich mich weiterentwickeln?« und belassen Sie es dabei.

Über die Spannung

In der Spannung unseres Körpers wird sichtbar, ob wir der Zukunft gelassen gegenüberstehen oder ob wir eher zur Ungerichtetheit und zum Zerfließen beziehungsweise umgekehrt zum Verkrampfen neigen.

Erspüren Sie Ihre Spannung

So drücken sich in unserer Spannung Wesensmerkmale von uns aus, die unser ganzes Leben mitbestimmen: Unser aktuelles Da-Sein ist ja in jedem Augenblick auf die Zukunft gerichtet. *Gegenwart ist die Zukunft, der wir entgegen-warten, und zwar mit einer bestimmten Spannung!* In Wirklichkeit ist also unser Sein ein Werden. Das drückt sich in unserer geringeren oder stärkeren Spannung aus.

Über den Atem

Sich öffnen und sich wieder verschließen

Der Atem verbindet gleichsam Haltung und Spannung und führt doch über beide hinaus: Es geht bei ihm um den Wechsel zwischen dem Sich-Loslassen und Sich-Hergeben (im Ausatmen) und dem Wiederfinden der richtigen Spannung (im Einatmen). In dieser Polarität wird unser Verhältnis zum Leben deutlich mit seinem Wechsel von Sich-Eröffnen und Sich-wieder-Verschließen.

Sobald Sie die Atmung in Ihre Meditation einbezogen haben, spüren Sie schon als Anfänger eine belebende Wirkung. Aber selbst nach vielen Jahren des Übens werden Sie die Möglichkeiten der Atemmeditation noch nicht ausgeschöpft haben: *Diese Unauslotbarkeit ist für jede wirkliche Meditationsübung kennzeichnend.*

Lassen Sie sich von Ihrem Atem belehren

Noch etwas wird Ihnen deutlich werden. Gerade wenn Sie nichts mit Ihrem Atem *machen*, sondern sich von ihm belehren lassen, erfahren Sie: Meditation ist nie gegen die tatsächlichen menschlichen Möglichkeiten gerichtet. Auch wo dies der Fall zu sein scheint, so beim Verzicht aufs Dösen, steht dieser Verzicht im Dienst der Aufgabe, *die Natürlichkeit eines Vorgangs in einem tieferen Sinne neu zu beleben.* Alles dies und mehr wird in einem kurzen Gedicht von Goethe deutlich:

Im Atemholen sind zweierlei Gnaden:
Die Luft einziehen, sich ihrer entladen;
Jenes bedrängt, dieses erfrischt;
So wunderbar ist das Leben gemischt.
Du danke Gott, wenn er dich preßt,
Und dank ihm, wenn er dich wieder entläßt!

Buch des Sängers, Talismane

Goethe verweist in seinem Gedicht somit auf die Doppelnatur des Atmens: Wir selbst ziehen die Luft ein und entladen uns ihrer wieder. Andererseits aber werden wir von einem Größeren jenseits der eigenen Person gepreßt und wieder entlassen.

Atem – ein Geschenk

Zugleich klingt in Goethes Gedicht ein zweiter Gedanke an, der sich auf die Mittlerstellung des Atems bezieht: Wir können willkürlich atmen, zugleich aber geschieht das Atmen auch unbewußt; nicht nur während des Schlafes, sondern auch die meiste Zeit während des Tages atmen wir unbewußt, »werden wir geatmet«. In dem Wort »Gnade« bringt Goethe zum Ausdruck, daß das Atmen – für uns das Selbstverständlichste auf der Welt – keineswegs so selbstverständlich ist, sondern eine Gunst; ein Geschenk, das uns ständig gewährt wird. Das zeigt sich allein schon daran, daß wir ohne Nahrung einige Wochen und ohne Wasser einige Tage auszukommen vermögen, ohne Atmung dagegen kaum einige Minuten. Während des tiefen Schlafes oder in einer Narkose kann zeitweilig sogar unser Bewußtsein ausgeschaltet sein, niemals jedoch unsere Atmung.

Ich kann mich noch so sehr gegen meine Mitmenschen abkapseln, eines aber kann ich nicht verhindern: daß ich meinen Atem mit ihnen teile, selbst mit meinem ärgsten Feind. Und ich mag mich noch so unabhängig fühlen, kann mich starr und kalt machen, unbestreitbar ist, daß ich meinen Atem aus dem Pflanzenreich, letztlich aus dem Universum aufnehme, ihn in mir erwärme, reinige und verwandle, um ihn wieder an die Natur zurückzugeben.

Atem – Mittler zwischen Körper und Geist

Auch auf einer anderen Ebene wird die Mittlerstellung des Atems deutlich: Ein gleichmäßig fließender Atem bedeutet, daß wir uns im Zustand tiefer Ruhe befinden. Und während sich bei starker seelischer Bewegtheit oder Erregung der Atem intensiviert, wird er in Zuständen starker Konzentration, in denen unser Bewußtsein dominiert, für einen Augenblick angehalten, zum Beispiel, wenn wir ein Ziel anvisieren. In Situationen hingegen, an denen der ganze Mensch beteiligt ist, so beim versunkenen Spiel eines Kindes, beim Modellieren eines Kunstwerks oder beim ruhigen Nachdenken, ist die Atmung verlangsamt und vertieft. Diese langsame, tiefe Atmung stellt sich auch bei der meditativen Versunkenheit ein. Diesen Zustand können wir freilich nicht erzwingen, sondern wir müssen ihn »geschehen lassen«.

Atem und Meditation

»Atem – Ausdruck der Natur alles Lebens«

Letztlich ist der Atem ein Gegenstand der Meditation selbst: Der bedeutende buddhistische Gelehrte deutscher Abstammung, Lama Govinda, nennt Atmen »die allersubtilste Funktion unseres Organismus, eine Funktion, die sowohl bewußt wie unbewußt, willentlich und nichtwillentlich (automatisch) sein kann. Atmen ist die einzige vitale Funktion, die trotz ihrer Unabhängigkeit von unserem normalen Bewußtsein und trotz ihres sich selbst regulierenden und selbst erhaltenden, nichtbewußten Charakters zur bewußten Funktion erhoben werden kann, die dem Geiste zugänglich ist. Infolge dieser Doppelnatur kann der Atem zum Vermittler zwischen Geist und Körper gemacht werden und wird so zum Mittel unserer bewußten Teilnahme an den lebenswichtigsten und universalsten Funktionen unseres psychosomatischen Organismus. Das Atmen ist auf diese Weise das verbindende Glied zwischen bewußten und unbewußten, grobmateriellen und feinmateriellen, willentlichen und automatischen Funktionen und daher der vollkommenste Ausdruck der Natur alles Lebens.« (13)

Geistige Grundelemente der Meditation

Bereits durch die Betrachtung der Atmung wurden wir auf die seelisch-geistige Dimension der Meditation verwiesen. Dieser wollen wir uns nunmehr voll zuwenden. Dabei können wir davon ausgehen, daß es zwar ganz unterschiedliche Formen der Meditation gibt, aber nur *einen* Weg, der zur meditativen Erfahrung führt: den *Weg nach innen*.

Die zwei Wege, Erfahrung zu erlangen

Die Wendung nach außen

Der naturwissenschaftliche und technische Fortschritt, an dem wir alle teilhaben, gründet in einer bestimmten geistigen Haltung, bei der sich der Mensch nach *außen* wendet (→ Abbildung Seite 33). Durch ein möglichst genaues, emotionsfreies Beobachten der Außenwelt versuchen wir, ihre Erscheinungen zu erkennen, zu ordnen und zu einem funktionierenden System zusammenzufassen. Das Bild der Wirklichkeit, das wir so gewinnen, ist niemals endgültig, sondern zeitgebunden, hängt also vom jeweiligen Stand unserer Erkenntnisse ab. Wir müssen bereit sein, das so gewonnene Wissen durch neue Einsichten in Frage zu stellen und zu verändern. Auf diese Weise hat man zum Beispiel entdeckt, daß nicht die Sonne um die Erde kreist, sondern die Erde um die Sonne.

Die Wendung nach innen

Neben diesem Weg gibt es einen zweiten: die Wendung nach *innen* (→ Abbildung Seite 37). Durch sie gelangen wir zu inneren Erfahrungen und Erkenntnissen. Wir möchten das an einem Beispiel erklären:

Ein Beispiel aus der Musik

Durch die Analyse der *äußeren* Wirklichkeit weiß man, daß zum Beispiel der Ton »C« zustande kommt, wenn ein Medium wie eine Violinsaite 256mal in der Sekunde schwingt. Dieser Ton hat aber nicht nur bestimmte physikalische Qualitäten: Sobald er auf der Violine angestrichen wird, erzeugt er in uns eine bestimmte Stimmung. Aber auch dieser subjektive Eindruck ist noch nicht alles. Zugleich eröffnen sich uns nämlich der Charakter und die geistige Qualität des Tones; sie gehen über das rein Subjektive hinaus. Um sie zu erfassen, bedarf es häufig einer intensiven Schulung. Ein Musiker hört zum Beispiel nach wenigen Takten von Mozarts »Jupiter-Symphonie«, daß diese in C-Dur geschrieben ist und nicht etwa in h-Moll.

Auch zur Meditation bedarf es eines besonderen Schulungsweges. Er soll uns dazu verhelfen, das »Wesen«, den »Charakter« der Wirklichkeit bis zu einem gewissen Grad zu eröffnen, so daß wir dabei nicht in der eigenen Subjektivität steckenbleiben.

Der ganze Mensch ist einbezogen

Kennzeichnend an diesem Weg ist, daß der *ganze Mensch* in den Prozeß der Wahrnehmung einbezogen wird. Das heißt, daß man weder nur ein Beobachter der eigenen Erfahrungen bleiben noch lediglich in seinen Gefühlen und Stimmungen verhaftet sein soll, sondern bereit sein muß, sich von diesen Erfahrungen ergreifen und verwandeln zu lassen. Dadurch gelingt es, die Welt und sich selbst mit neuen Augen zu sehen.

Jeder der beiden Zugangswege zur Wirklichkeit, der äußere und der innere, hat seine Berechtigung, wenn wir sinnvoll leben wollen – wir bedürfen beider. Wohl aber gilt es zu begreifen, daß diese beiden Seiten nicht miteinander identisch sind.

Das Wesen der Meditation

Die Wendung nach innen

Die Meditation ist ein uralter Weg, Erfahrungen durch die Wendung nach innen zu sammeln: Es finden sich Hinweise, daß in Indien schon im dritten bis vierten Jahrtausend vor Christus eine ursprüngliche Form des Yoga betrieben wurde, der ja im weitesten Sinne zur Meditation gehört. Manche Wortwurzeln sprechen dafür, daß auch schon die frühindogermanischen Völkerschaften dem »Sinnen« sehr zugetan waren. (14)

Wie dieser Weg vollzogen werden kann, wird an einer schlagfertigen Bemerkung von Graf Dürckheim, einem der bedeutendsten Meditationslehrer unserer Zeit, anschaulich. Auf die etwas flapsige Frage eines Kollegen, wie man am schnellsten meditieren lernen könne, antwortete er ungerührt:

»Ach, das ist gar nicht so schwer; da kaufen Sie sich am besten heute noch ein Oktavheft und malen darin parallele Striche, einen neben den anderen. Und das tun Sie dann jeden Tag fünf Minuten lang, immer zur gleichen Zeit, ohne an etwas anderes zu denken als an Ihre parallelen Striche. Wenn Sie das dann ein Jahr lang sorgfältig gemacht haben, werden Sie vermutlich immer noch keine parallelen Striche ziehen können, aber Sie werden ein anderer Mensch geworden sein.«

Was Sie zunächst an dieser Antwort befremden mag, ist das Fehlen einer Anweisung, anhand derer Sie schrittweise etwas exakt Definiertes lernen könnten. Und doch – haben nicht auch Sie die Bedeutung der Worte sofort erfaßt? Vermutlich ahnen Sie ohne Schwierigkeiten, daß hier ein anderer als der übliche Lernprozeß angeregt werden soll.

Hieronymus Bosch (etwa 1450 bis 1516) hatte zu Beginn des neuzeitlichen Denkens eine bemerkenswerte Vision vom modernen Menschen: Er malte ihn, wie er von der Sicht auf die Gesamtheit der Wirklichkeit ausgesperrt ist und angespannt auf ein einzelnes Objekt starrt. Die Ratte am Ende des Beobachtungszylinders vertritt hier die einzelne Naturerscheinung. Sie wird außerhalb ihres großen Zusammenhangs unter die Lupe genommen.

Sich vertiefen »wie ein Kind«

Auf der Alltagsebene, zum Beispiel beim Schulunterricht, geht es um eine kontrollierbare Steigerung der Leistungsfähigkeit (der Fähigkeit, immer exakter parallele Striche zu ziehen). Das Anliegen der Meditation liegt gleichsam quer zu dieser Aufgabe: Je mehr ich bei der Übung meinen Ehrgeiz hinter mir lasse, aber mich zugleich voll meiner Aufgabe hingebe, mich in sie vertiefe wie ein Kind in sein Spiel, um so eher kann in mir das auftauchen, was man als »Seinsfühlung« oder als »Seinserfahrung« bezeichnet. (15)

Seinsfühlung

Zu »Seinsfühlungen« oder gar zur »Seinserfahrung« zu kommen, ist ein wesentliches Anliegen der Meditation. Es ist schwierig, diese Erfahrungen zu definieren, denn im Grunde verhält es sich mit ihnen nicht anders als mit der Liebe: Ein Liebender weiß sofort, um was es sich bei der Liebe handelt, aber er kommt in Schwierigkeiten, wenn er diese Erfahrung in Begriffe fassen soll, denn sie liegt jenseits der Ebene des Begrifflichen. Mit Seinsfühlungen und Seinserfahrungen verhält es sich nicht anders. Dennoch stehen wir dem Verständnis dieser Phänomene nicht hilflos gegenüber.

Fast jeder kennt sie aus eigener Erfahrung, hat sie bereits spontan, auch ohne Meditation, gemacht, zum Beispiel beim Erschaffen oder Betrachten von Kunstwerken, beim Erleben der Natur und insbesondere bei der Begegnung mit anderen Menschen, gerade auch in der Liebe.

- Vor einem Kunstwerk kann uns deutlich werden, wie die Idee (der Geist) des Ganzen jede Einzelheit bedingt, so daß jedes Einzelne nur von der Idee des Ganzen her seinen Sinn bekommt.
- Beim Betrachten der Natur geht es uns unter Umständen selbst am einfachsten Gegenstand auf – an einem Kristall, an einer Welle, einem Blatt –, wie hinter der individuellen Form gestaltende und belebende Kräfte stehen. So kann uns an der sichtbaren Erfahrung des Gegenstandes gleichsam wieder seine »Idee« deutlich werden.
- Manchmal reißt uns die Begegnung mit anderen Menschen aus dem Alltag, in dem wir »normalerweise« aufgegangen sind. Dies kann so plötzlich erfolgen, daß wir »wie vom Blitz getroffen« und schicksalhaft erschüttert sind. Eine Begegnung kann aber auch als stilles Erlebnis in uns nachklingen und uns neue Sichtweisen eröffnen.

Erfahrungen der Seinsfühlung

Seinsfühlung – und wie wir damit umgehen

Erfahrungen der Seinsfühlung sind häufiger als man denkt. Sie rufen in uns fast immer zwei einander entgegengesetzte Reaktionen hervor:

- Auf der einen Seite bringen sie uns zu uns selbst und vertiefen unsere Sicht der Wirklichkeit. Die Erfahrungen, die wir dabei machen, suchen wir wie einen wertvollen Schatz zu hüten, weil wir den Eindruck haben, daß sich in ihnen ein besonderes Geheimnis offenbart. Dadurch ändert sich auch unsere Einstellung der Realität und der eigenen Person gegenüber.
- Zugleich läßt uns aber eine derartige Erfahrung nicht unangefochten. Wenn wir unserer Umgebung davon berichten, so reagiert diese oft mit Verständnislosigkeit oder mit Ablehnung. Aber auch wir selbst sind meist geneigt, solche Erfahrungen in Zweifel zu ziehen. Das ist keineswegs als negativ zu bewerten, zum Beispiel als Ausdruck hochnäsiger Herummäkelei oder neurotischer Zweifelsucht. Vielmehr versuchen wir damit, diese Erfahrungen auf den Prüfstand unserer Selbstkritik zu bringen. Dies ist eine sehr gesunde Reaktion. Nur Ideologen und Wahnsinnige leben scheinbar unangefochten in der Welt ihrer

Erfahrungen, die wir hüten –

– aber auch prüfen

eigenen Erfahrungen und Ideen. Für den psychisch Gesunden dagegen ist eher kennzeichnend, daß gerade die für ihn wichtigsten Erfahrungen und Einsichten niemals fester Besitz sind, sondern eher zarte, anfällige, immer wieder in Frage gestellte Gebilde. (16)

Balance anstreben

An sich sollten die hingebenden, sensiblen, andererseits die kritischen, bezweifelnden Funktionen beide gleichermaßen in uns entwickelt sein und miteinander in Balance stehen. In Wirklichkeit haben allerdings bei den meisten von uns Verneinung und Zweifel so sehr die Oberhand, daß fast nur noch religiöse Menschen oder Künstler ihre Seinserfahrungen nicht verdrängen.

Grundübung zur gegenständlichen Meditation

Sich für Seinsfühlungen öffnen

Wir sagten bereits, daß es Ziel jeder Meditation ist, sich für Seinsfühlungen zu eröffnen, und zwar mit Hilfe eines methodischen Übungsweges. Dieser Weg vollzieht sich in verschiedenen Schritten, die wir Ihnen anhand einer Gedichtstrophe von Matthias Claudius aufzeigen möchten. Die meisten von uns kennen diese Strophe wohl schon seit ihrer Kindheit. Wir haben sie ausgewählt, weil wir meinen, daß sich in ihr wie in dem ganzen Lied eine spontane Seinserfahrung des Dichters ausdrückt.

»Seht Ihr den Mond dort stehen?
Er ist nur halb zu sehen,
Und ist doch rund und schön!
So sind wohl manche Sachen,
Die wir getrost belachen,
Weil unsere Augen sie nicht sehen.«

Aus dem Lied »Der Mond ist aufgegangen«,
Worte: Matthias Claudius, 1778;
Weise: Johann A. P. Schultz, 1790. (17)

Vielleicht nehmen Sie sich, lieber Leser, erst einmal einige Minuten Zeit, um sich mit dem Vers zu beschäftigen. Dabei versuchen Sie bitte, dieses Gedicht hörbar vor sich hin zu sprechen, bis Sie den Text auswendig sagen können, ohne sich mit dem Mechanischen der Erinnerung herumschlagen zu müssen.

Die völlige Vertrautheit mit dem Gegenstand ist immer der erste Schritt bei einer gegenständlichen Meditation.
Sodann sollten Sie auch tatsächlich über das Gedicht nachdenken, und zwar auf verschiedene Weise:

Sich Schritt für Schritt dem Gedicht nähern

- Zunächst sollten Sie sich klarmachen, was Ihnen in diesem Zusammenhang wichtig ist, zum Beispiel, worum es in diesem Gedicht geht, auch, wer sein Dichter war, wie er gelebt hat, wie die Zeiten waren, zu welchen das Gedicht entstanden ist. Das gleiche gilt für ein Bild, ein Symbol oder einen anderen Gegenstand, den Sie meditieren.
- In einem nächsten Schritt sollten Sie sich dann darum bemühen, den Bildern, Stimmungen und Gedanken, die das Gedicht in *Ihnen* weckt, so lange nachzusinnen, bis es zu »Ihrem« Gedicht geworden ist.

Öffnen Sie sich der Stimmung des Gedichtes – versinken Sie dabei aber keinesfalls in Stimmungsseligkeit, wie es manche tun, wenn sie bloß das Wort »Mond« hören.
Stimmungsseligkeit und Meditation schließen einander aus! Versuchen Sie statt dessen beim Betrachten des Gedichtes die Tatsache mitzuspüren, daß der Dichter ein Wissen anspricht, das beim Anblick des Halbmondes mitschwingt, nämlich, daß der Himmelskörper, den Sie da oben sehen, eine Ganzheit ist, auch wenn Sie dies im Augenblick nicht unmittelbar wahrnehmen können.

Die vier Grundschritte

Sie nähern sich also dem Gegenstand der Meditation, hier einem Gedicht, über verschiedene, voneinander getrennte Schritte:
Erster Schritt: Einüben (des Textes) im Sinne eines Vertrautwerdens mit dem Gegenstand.
Zweiter Schritt: Nachdenken über seinen Inhalt und seine Bedeutung.
Dritter Schritt: Erwecken eigener Bilder, Stimmungen und Gefühle.
Vierter Schritt: Schließlich das eigentliche meditative Anschauen, von dem anschließend die Rede sein wird (→ Seite 38).

Jeder Schritt muß für sich vollzogen werden

Warum – so fragen Sie sich jetzt vermutlich – werden diese einzelnen Schritte so getrennt von einander dargestellt? Gerade weil das Meditieren nur im Zustand höchstmöglicher Bewußtheit geschehen soll, bedarf es einer klaren Trennung dieser verschiedenen Schritte, von denen jeder für sich vollzogen werden muß.

Milarepa, tibetisch: Mi-la-ras-pa (1052 bis 1135), der wohl beliebteste tibetische Heilige und Liederdichter, symbolisiert im Unterschied zum äußerlichen Fixieren das nach innen gewandte Spüren. Die an das Ohr gehaltene Hand drückt das Lauschen auf die innere Stimme aus. Sehr häufig sieht man Milarepa in Anwesenheit von Schülern, die zu seinen Füßen sitzen, um an seinem Wissen teilzuhaben.

Wachheit und Sensibilität

Bewußtheit ist das Gegenteil von Intellektualisieren. Denn während es bei der Bewußtheit um größtmögliche Wachheit und Sensibilität geht, mit der ich mich jedem mir erreichbaren Aspekt der Wirklichkeit erschließe, bedeutet Intellektualisieren das Ausklammern aller nicht-rationalen Zugangswege zur Wirklichkeit aus Gründen der Abwehr.

Das meditative Anschauen

Der wohl schwierigste Schritt im meditativen Prozeß ist das meditative Anschauen, denn wir sind gewöhnt, Dinge nur kurz wahrzunehmen oder sie nach ihrem Nutzen zu betrachten. Bei der Meditation geht es gerade nicht um ein »be-greifendes« Hinstarren auf einen Gegenstand, dessen wir »hab-haft« werden wollen. Dies würde uns in eine innere Distanz zum Gegenstand bringen, bei der zum Schluß nichts mehr übrig bleibt als »des Gedankens Blässe«.
Beim ruhigen meditativen Hinschauen geschieht etwas anderes, das der Philosoph Ludwig Klages so beschreibt:
»Das Schauen verwandelt den Schauenden; was offenbar den äußersten Gegensatz zum Wahrnehmungsakt zeigt, der den Wahrnehmenden vom Wahrnehmungsding abhebt.« (18)
Und Goethe drückt das gleiche unnachahmlich in seinen »Maximen und Reflexionen« aus: »Jeder Gegenstand, wohl beschaut, schließt ein neues Organ in uns auf.«
Voraussetzung und Wirkung eines solchen Schauens sind gelassene Ruhe und Sammlung, wie sie ja auch im Gedicht selbst mitschwingen.

Innerlich bei einem Bild verweilen

Das heißt, wir sollen bei der Meditation nicht einer momentanen Stimmung verfallen, sondern uns dazu bringen, innerlich bei einem Bild zu verweilen. Dies aber fällt zunächst fast jedem von uns schwer und muß erst mühsam eingeübt werden, indem man nicht mehr mit den eigenen Einfällen dazwischenfährt, nicht mehr über das Objekt nachdenkt, sondern im letzten Schritt alles eigene Tun beiseite legt, nichts mehr aktiv macht, sondern sich bemüht, das meditierte Objekt selbst »zur Sprache kommen zu lassen«. Ziel des meditativen Anschauens ist also, mich gleichsam »von außen nach innen« dem Objekt meiner Meditation zu nähern. Das eigene Innere muß von allen störenden Gedanken und Gefühlen freigemacht werden, bis schließlich das äußere Objekt sozusagen im eigenen Inneren »wieder auferstehen« kann und so zur »inneren Außenwelt« wird. (Novalis)

Meditation und Ganzheit

Jede gegenständliche Meditation soll sich völlig auf das Objekt beschränken, dem man sich zuwendet. Es wäre also falsch, darüber »hinwegzuspekulieren« und sich in irgendwelchen Phantasien, Abstraktionen oder Symbolen zu verlieren. Vielleicht gilt nirgends mehr als bei der Meditation der Satz: »Ein Apfel ist ein Apfel ist ein Apfel.« Eine solche Beschränkung eröffnet die Wirklichkeit in ihrer ganzen Fülle viel mehr, als wenn man sie willkürlich herbeizuzwingen versucht. Auch darauf hat Goethe aufmerksam gemacht, der zwar im strengen Sinne des Wortes wohl nicht meditiert hat, in dessen Leben und Werk sich aber eine meditative Grundhaltung in einzigartiger Weise ausdrückt:

»Im kleinen Raum die ganze Welt sehen«

»Das lebhafte poetische Anschauen eines beschränkten Zustandes erhebt ein Einzelnes zum zwar begrenzten, doch unumschränkten All, so daß wir im kleinen Raume die ganze Welt zu sehen glauben.« *Gerade durch die liebevolle Versenkung ins einzelne Detail eröffnet sich bei der Meditation der ganzheitliche, überpersönliche, geistige Aspekt der Wirklichkeit.*

Lieber Leser! Wir wissen natürlich nicht, ob Ihnen das von uns vorgeschlagene Gedicht persönlich etwas sagt. Unsere Absicht war, anhand dieses Verses die verschiedenen Schritte einer gegenständlichen Meditation deutlich zu machen. Vielleicht suchen Sie sich die Strophe eines Gedichtes, das Ihnen lieb ist, und eignen es sich über die dargestellten vier Schritte meditativ an.

Meditation lebt vom intensiven Üben

»Malen Sie parallele Striche«

Schon im Beispiel des Grafen Dürckheim wurde deutlich, daß Meditation intensives Üben bedeutet – man kann sogar sagen, *Meditation ist Üben, Üben, Üben!* Ohne beständiges Üben bleibt die Meditation allenfalls ein hübsches Erleben ohne jede verwandelnde Kraft und ohne bleibende Erkenntnis.

Wie sieht nun wirkliches meditatives Üben aus? Es soll keinesfalls mechanisch-stumpfsinnig und auch nicht unkonzentriert-schweifend oder gar dumpf-brütend sein. Trägheit oder Laschheit sind ebensowenig angemessen wie eine Strohfeuerbegeisterung ohne Durchhaltekraft oder eine resignierte Haltung, mit der man sich einredet: »Das werde ich sowieso nicht schaffen.«

Der Meditierende sollte sich auch keinesfalls verkrampfen, sondern sich vielmehr um eine disziplinierte, ständig neue Zuwendung zu jenem Objekt bemühen, das er meditiert.
Diese disziplinierte Zuwendung ist im übertragenen Sinne ähnlich dem, was wir von der körperlichen Haltung und Spannung her zu beschreiben versuchten (Seite 28).

Meditieren Sie im »Anfängergeist«

Vielleicht hat Suzuki, einer der großen modernen Meister der Meditation, diese Haltung am genauesten beschrieben, als er davon sprach, jede Meditation müsse aus einem »Anfängergeist« heraus vollzogen werden. (19)
Nicht selten mißlingt Ihnen eine meditative Übung gerade dann, nachdem Sie sich vorher besonders konzentriert und gesammelt auf Ihr Meditationsobjekt einstellen konnten. Dann nämlich, wenn Sie an die *Erinnerung* des vorhergehenden Erfolges anknüpfen wollen, statt sich dem Objekt Ihrer Meditation wieder ganz neu zuzuwenden. Gerade

Stets neu öffnen

bei der Meditation gilt, was der griechische Philosoph Heraklit von Ephesos (6. Jh. v. Chr.) sagte, daß man »nicht zweimal durch denselben Fluß gehen« kann und daß »die Sonne neu an jedem Tag« scheint.
Wenn es Ihnen gelingt, die meditative Haltung immer besser einzuüben, werden Sie eine erstaunliche Erfahrung machen: Manches bisher Wichtige wird an Bedeutung verlieren, achtlos Übergangenes wird Ihnen oftmals wesentlicher als früher erscheinen.
Vor allem aber werden Sie zunehmend die Erfahrung der »Seinsfühlung« machen, wie wir sie auf Seite 33 erwähnt haben. Sie wird von Meditierenden im Anschluß an das Üben oft etwa so beschrieben:

Seinsfühlung

»Heute war ich ganz drin«, »die Zeit ist mir wie im Fluge vergangen« oder »ich habe die Zeit nicht mehr wahrgenommen«, »ich war ganz wach und da«, »ich fühlte mich stärker in mir als sonst«, »ich fühlte mich ganz mit dem Gegenstand eins«, »ich hatte eine plötzliche Erkenntnis, obwohl ich ganz konzentriert war«, »ich wußte plötzlich, wie ich etwas ändern muß, obwohl ich gar nicht daran gedacht hatte«.

Einwirkung auf den Alltag

Mehr und mehr entwickeln Sie so eine rational nicht mehr auflösbare *Gewißheit, in einem unmittelbaren Bezug zur Wirklichkeit zu stehen*. Sie hat nichts mit Kritiklosigkeit zu tun, denn bei der Meditation geht es

Bezug zur Wirklichkeit

nicht um Abwendung, sondern um eine rechte Zuwendung zur Wirklichkeit. Ihre Kennzeichen sind eine Vertiefung der Erlebnisfähigkeit, eine Zunahme der Fähigkeit, mit allen Sinnen wahrzunehmen und ein verstärktes Gefühl für die Sinnhaftigkeit des eigenen Daseins. Vielleicht treffen die Worte »Aufmerksamkeit« oder »Hellhörigkeit« am ehesten den Wirklichkeitsbezug, der sich zunehmend entfaltet. So entwickelt sich ein weiteres Kriterium der Meditation, nämlich, daß jener, der sie ausübt, mit der Zeit nicht mehr so an den Alltag verloren und ihm nicht mehr so ausgeliefert ist wie vorher. Trotzdem wird er nicht weltfremd sein. *Weltfremdheit und Verschrobenheit sind Kriterien mißlungener Meditation.*
Noch zwei weitere Momente der Meditation werden uns am Beispiel des Gedichtes von Matthias Claudius deutlich:

- *Jede Meditation ist aus dem Alltag herausgenommen.* Sie bedarf ihrer eigenen Zeit und der Bereitschaft zu Ruhe und Sammlung. Damit wird aber keineswegs einer Flucht in eine »Hinterwelt« das Wort geredet. Im Gegenteil!
- *Selbst das einfachste Tun kann zur Meditation werden* und so wieder in den Alltag einfließen. So sagte einmal die spanische Mystikerin Teresa von Avila (1515 bis 1582) zu einer Küchenschwester, die nur unwillig ihren Dienst versehen wollte: *»Wenn Du den lieben Gott nicht in der Pfanne hast, dann hast Du ihn überhaupt nicht.«*

Einüben der Achtsamkeit

Im letzten Kapitel haben wir gezeigt, daß die Meditation ein ruhiges, ungeteiltes, verweilendes Anschauen, ein Ver-gegenwärtigen im Zustand höchstmöglicher Wachheit und Bewußtheit ist, das zwar aus dem Alltag herausgenommen ist, aber letztlich zu ihm zurückführt. Diese Tatsache haben die Meditationslehrer zu allen Zeiten gewußt und zu vermitteln versucht. Eine besonders anmutige Anekdote dazu möchten wir Ihnen nicht vorenthalten:

Eines Tages sagte ein Mann aus dem Volk zu Zen-Meister Ikkyû: »Meister, wollt Ihr mir bitte einige Grundregeln der höchsten Weisheit aufschreiben?« Ikkyû ergriff sofort den Pinsel und schrieb: »Aufmerksamkeit.« »Ist das alles?« fragte der Mann. »Wollt Ihr nicht noch etwas hinzufügen?« Ikkyû schrieb darauf zweimal hintereinander: »Aufmerksamkeit. Aufmerksamkeit.« »Nun«, meinte der Mann ziemlich gereizt, »ich sehe wirklich nicht viel Tiefes oder Geistreiches in dem, was Ihr gerade geschrieben habt.« Darauf schrieb Ikkyû das gleiche Wort dreimal hintereinander: »Aufmerksamkeit. Aufmerksamkeit. Aufmerksamkeit.« Halb verärgert begehrte der Mann zu wissen: »Was bedeutet dieses Wort ›Aufmerksamkeit‹ überhaupt?« Und Ikkyû antwortete sanft: »Aufmerksamkeit bedeutet Aufmerksamkeit.« (20)

Die innere Haltung

Der Übersetzer dieser japanischen Anekdote hat Aufmerksamkeit genannt, was wir in der Folge *Achtsamkeit* nennen, um den Schwerpunkt noch deutlicher auf die *innere Haltung* zu legen. Wir geben Ihnen nunmehr einige praktische Übungen, die Ihnen helfen sollen, Ihre Achtsamkeit zu steigern. Wir sehen in ihnen einen besonders naheliegenden Zugangsweg zur Meditation.

Einstellung auf die Grundhaltung

Erinnerung

Begeben Sie sich zunächst bei jeder dieser Übungen für einige Minuten in den Zustand einer möglichst großen inneren und äußeren Ruhe, wie Sie das bereits kennengelernt haben. Nähern Sie sich der Übung in der Bereitschaft zum Lernen, und bemühen Sie sich jedesmal, sie so zu vollziehen, als machten Sie sie zum erstenmal. Peilen Sie nicht den Erfolg oder besondere Erfahrungen an, sondern ruhiges Anschauen, Aufmerksamkeit und Wachsamkeit. Seien Sie nicht enttäuscht, wenn Sie sich anfangs zerstreut finden. Es ist beinahe selbstverständlich und ein Grund dafür, warum Sie die Übung lernen wollen.

Zur meditativen Grundhaltung finden:

Beginnen Sie damit, Ihren inneren Zustand genau zu beobachten, ohne ihn zu analysieren. Vermeiden Sie also jede Motivsuche (»weil« oder »warum«), sondern bleiben Sie beim bloßen Feststellen (»So ist das«) und fragen Sie sich: »Bin ich augenblicklich eher zu angespannt und aufgeregt, oder bin ich zu müde und schlapp, um den Zustand zu erreichen, der Voraussetzung ist für jede sinnvolle Meditation – eine möglichst vollkommene Geistesruhe?«

Hilfestellung 1

Im erstgenannten Fall machen Sie sich ruhig und ohne jeden weiteren inneren Kommentar klar: »Ich bin jetzt aufgeregt« oder »Ich bin jetzt unruhig«; im zweiten Fall: »Ich bin jetzt müde« oder »Ich bin jetzt schlapp«. Denn die wirksamste Möglichkeit zum Erreichen der meditativen Grundhaltung besteht darin, daß man sich den eigenen Zustand ruhig und ohne jedes Urteilen klarmacht und stillschweigend vor sich selbst ausspricht. Wesentlich ist dabei, daß man sich wirklich und konsequent jeder Stellungnahme enthält, was in sich schließt, daß man sich zwar so weit wie möglich korrigiert, aber sich nicht selber kritisiert, wie immer man sich auch befinden mag. Dieses Grundprinzip hat namentlich der Buddha in seinen Meditationsanweisungen herausgestellt. (21)

Hilfestellung 2

Eine zweite Möglichkeit, um den meditativen Zustand bei sich zu fördern, haben wir bereits auf Seite 27 erwähnt: Wenn Sie feststellen, daß Sie innerlich zu unruhig sind, so konzentrieren Sie sich eher auf die Ausatmung, das Element der Entspannung. Falls Sie jedoch nicht die rechte Spannung aufbringen können, so legen Sie den Schwerpunkt Ihrer Aufmerksamkeit eher auf das Einatmen, das Element der Spannung. Aber nochmals möchten wir Sie darauf hinweisen, daß Sie unter keinen Umständen etwas an der Atmung manipulieren sollen (Seite 25).

Hilfestellung 3

Schließlich gibt es noch eine dritte Hilfe, um eine meditative Haltung zu erreichen: Bei den nächsten Übungen, bei denen es darum geht, die Wahrnehmung mit Hilfe von Erinnerungen und Vorstellungen (Visualisierungen) zu schulen, sollten Sie die dabei auftauchenden inneren Bilder, wenn Sie unruhig sind, eher in Brusthöhe vor Ihrem »inneren Auge« erscheinen lassen. Befinden Sie sich dagegen in einem »Normalzustand« oder sind Sie eher abgespannt, so stellen Sie Ihre Vorstellungen eher in Augenhöhe ein.
Die nächsten Übungen sollten etwa fünf Minuten dauern.

Eine Übung für den Morgen

Erinnern einer Wahrnehmung

Nachdem Sie, soweit es Ihnen möglich ist, zur Ruhe gekommen sind, nehmen Sie einen natürlichen (also zum Beispiel keinen aus Plastik geformten), nicht zu kompliziert gestalteten, sondern klar strukturierten Gegenstand, der Ihnen angenehm ist, der Sie aber gefühlsmäßig nicht zu sehr beeindruckt, zur Hand. Dieser Gegenstand kann prinzipiell auch von Menschen geformt sein, freilich sollten Sie kein maschinell hergestelltes Massenprodukt benutzen. Nehmen Sie also zum Beispiel einen schönen Stein, einen Tannenzapfen, eine Muschel; auch ein geblasenes Glas oder eine Schale würde sich eignen, nicht hingegen ein Foto (künstlich) oder ein Landschaftsgemälde (zu kompliziert).

Mit allen Sinnen erfassen

Schauen Sie sich diesen Gegenstand genau von allen Seiten an, nehmen Sie ihn auch in die Hand, betasten Sie ihn, um zu spüren, wie er sich anfühlt, drehen Sie ihn nach allen Richtungen, prüfen Sie seinen Geruch, kurzum: Versuchen Sie, ihn mit allen Sinnen zu erfassen, ohne aber über ihn ins Grübeln zu geraten.

Danach legen Sie den Gegenstand aus der Hand, schließen die Augen und versuchen, ihn genau zu erinnern. Bemühen Sie sich dabei um die Vergegenwärtigung jeder Einzelheit.

Nachdem Sie den Gegenstand möglichst unmittelbar erinnert haben, nehmen Sie ihn erneut in die Hand, und machen Sie sich klar, was Sie gesehen haben und was nicht.

Konzentrieren Sie sich nun nochmals auf jede Einzelheit, und versuchen Sie dann, den Gegenstand wiederum zu erinnern. Das machen Sie gegebenenfalls zwei- bis dreimal.

Liebevolle Versenkung ins Detail

Je öfter und länger Sie bei demselben Gegenstand verweilen, um so mehr werden Sie erfahren. Bei einem Stein oder einem ähnlichen Objekt sollten Sie mindestens einen Monat lang bleiben, bevor Sie auf etwas anderes übergehen. Sie können auch ein einmal gewähltes Objekt auf die Dauer beibehalten. Wenn Sie aber zum Beispiel eine Blume genommen haben, so daß ein dauerndes Verweilen nicht möglich ist, dann sollten Sie sich daran erinnern, wie diese Blume sich im Lauf der Tage verändert hat. (22)

Eine Übung für den Abend

Erinnern einer Handlung

Während Sie am Morgen den Schwerpunkt auf das Erinnern einer Wahrnehmung legen, sollten Sie am Abend vor allem die Erinnerung einer Handlung schulen (morgens: Hineingehen in den Tag, abends: Freiwerden vom Tag). Die Dauer dieser Übung sollte wiederum etwa fünf Minuten betragen.
Bringen Sie sich dafür erneut in den Zustand einer möglichst großen äußeren und inneren Ruhe, und vergegenwärtigen Sie dann eine einfache Szene aus dem gerade vergangenen Tag, die gleichfalls emotional nicht besonders »geladen« sein sollte.

Üben – nicht Probleme lösen

Die Übung ist nicht als Problem- oder Konfliktlösung gedacht! Unterscheiden Sie also genau: »Jetzt ist Üben dran, zu einer anderen Zeit Problemlösen.« Wenn Sie sich nicht an diese Trennung halten, beleben Sie entweder den Affekt wieder, den Sie hatten, und fallen damit aus der meditativen Haltung heraus, oder Sie verdrängen wichtige Einzelheiten und verstoßen dadurch gegen die Forderung nach völliger Öffnung der Sinne bei der Meditation.
Bei allen diesen Übungen werden Sie freilich feststellen, daß es Situationen ganz ohne jede Gemütsbeteiligung gar nicht gibt. Später, nach sehr langem, meist jahrelangem Üben, werden Sie dann in der Lage sein, auch emotional stark geladene Situationen auf die gleiche Weise zu betrachten – aber nur, wenn Sie sich vorher an die Spielregeln gehalten haben, sich zunächst auf relativ neutrale Situationen zu beschränken.

Ein Beispiel für die Abend-Übung

Beginnen Sie also zum Beispiel mit der Erinnerung, wie Sie heute morgen am Frühstückstisch Ihr Brötchen geschmiert haben: »Was stand auf dem Tisch, wie sah es im Zimmer aus?« – »An was habe ich während des Frühstücks gedacht?« oder »Wie habe ich heute früh meine Wohnung verlassen, wie den Schlüssel herumgedreht, wie viele Stufen bin ich hinuntergegangen?« – »Wem bin ich begegnet?« – »Wie war der Betreffende angezogen?« – »Wie haben wir uns begrüßt?« – »Haben wir sonst noch etwas miteinander gesprochen?« – »Wie habe ich mich dabei gefühlt?«

Anfangs werden Sie feststellen, in welch unglaublichem Maße unsere Erinnerungen »grau in grau« sind. Jeder von uns wird, wenn er mit dieser Übung beginnt, zunächst vorwiegend auf »Graustellen« stoßen. Das ist ganz natürlich! Resignieren Sie deswegen nicht! Versuchen Sie lediglich, sich noch einmal ruhig zu erinnern. Dann wird Ihnen das eine oder andere doch noch in den Sinn kommen. Notfalls ergänzen Sie etwas, das Ihnen entfallen ist, durch eine Phantasie.

Immer wieder: ruhig erinnern

Also, wenn Ihnen zum Beispiel bei der Frühstückserinnerung nicht mehr einfällt, welche Marmelade Sie gegessen haben, so ersetzen Sie diese ganz einfach durch eine ausgedachte Marmelade, zum Beispiel Erdbeermarmelade. Dann werden Sie häufig mit Erstaunen feststellen, daß Ihnen die Marmelade, die Sie tatsächlich gegessen haben, doch noch in den Sinn kommt. Schauen Sie dann aber diese Marmelade wieder genau an, so wie Sie es gelernt haben: Wie sah sie aus, wie roch sie, wie schmeckte sie?

Menschen, die mit solchen Erinnerungsübungen zu meditieren beginnen, merken oft zum erstenmal in ihrem Leben, daß sie, wie wir fast alle, mehr in einer ausgedachten als in einer angetroffenen Welt leben, in der wir uns wie Blinde bewegen. Wenn wir aber gewissenhaft weiterüben, dann erfahren wir, wie sehr jeder Gegenstand und jede Situation, recht betrachtet, ein »neues Organ in uns eröffnet«.

Versinnlichung des Denkens

Wenn Sie Ihre Übungen beständig fortführen, werden Sie nach einer gewissen Zeit mit Erstaunen feststellen, daß Sie Ihre Aufmerksamkeit und Ihr Gedächtnis in einem ursprünglich nicht geahnten Maß schulen können. Sie können dann zum Beispiel Szenen, die Sie erinnern, bis zu einem gewissen Grad sogar rückwärts ablaufen lassen, also zum Beispiel das morgendliche Verlassen der Wohnung von der Gartentür zur Wohnungstür, statt in der natürlichen Abfolge.

Schulung von Aufmerksamkeit und Gedächtnis

Das Ziel dieser Übung ist natürlich nicht, zu einem »psychischen Akrobaten« zu werden. Vielmehr wollen wir unser Denken versinnlichen und zugleich beweglicher werden lassen. Aber das ist alles Zukunftsmusik, Sie wissen ja: Das Wichtigste ist, daß Sie sich bei jeder Übung auf das Hier und Jetzt konzentrieren und die Übung so vollziehen, als würden Sie sie soeben zum erstenmal machen.

Einüben der exakten Phantasie

Als Ergänzung möchten wir Ihnen zeigen, wie Sie Ihre Vorstellung für Bewegung und Dynamik von Naturvorgängen schulen können. Setzen Sie sich zum Beispiel im Freien für einige Minuten gesammelt hin, und betrachten Sie den Zug der Wolken. Geraten Sie dabei aber wiederum nicht ins Dösen und ins Tagträumen! Dann schließen Sie Ihre Augen und lassen eine Zeitlang die Wolken in Ihrer Vorstellung weiterziehen. Öffnen Sie danach die Augen wieder, und vergleichen Sie den vorgestellten Himmel mit dem tatsächlich in diesem Augenblick angetroffenen. Oder beobachten Sie auf dieselbe Weise einen fließenden Bach oder einen Wasserfall.

Schulung der unmittelbaren Anschauung

Natürlich wird es Ihnen trotz allen Übens nicht möglich sein, den *wirklichen* Zug der Wolken, den *wirklichen* Lauf des Wassers vorauszusehen. Darum geht es aber auch gar nicht! Das Ziel auch bei dieser Übung ist vielmehr die Schulung Ihrer unmittelbaren Anschauung, bei der das Denken sich nicht, wie es bei den meisten von uns üblich ist, von den Gegenständen trennt. So wenig wir also bei dieser Übung meßbare Fähigkeiten schulen wollen, so sehr werden manchmal sogar diese auf dem vorgestellten Weg erweitert. Von Goethe, dem Meister der Kunst der unmittelbaren Anschauung, wird berichtet, daß er häufig durch einen bloßen Blick aus dem Fenster das Wetter vorhersagen konnte.

Die Balance in der Meditation

Mit den nächsten Übungen wollen wir unser Verhältnis zur Mitwelt meditativ erarbeiten. Dabei gehen wir von der Tatsache aus, daß wir Menschen uns einerseits als Individuen, als »Ich-Selbst«, erfahren, zugleich aber als Teil der Welt, in der wir leben. Zwischen diesen beiden Polen müssen wir immer wieder ein Gleichgewicht herstellen.

Erste Übung: Erde-Übung

Vorbemerkung: Veranschaulichen Sie sich bei der folgenden Übung möglichst jeden Satz unserer Anweisung bildhaft.
Vergegenwärtigen Sie sich zunächst die Situation unserer Erde im Sonnensystem. Vielleicht hilft es Ihnen dabei, wenn Sie sich an eine jener prachtvollen Aufnahmen erinnern, die die Astronauten von ihren ersten Mondflügen mitgebracht haben. Auf ihnen war unser blauer Planet in all seiner Schönheit, aber auch in seiner Zartheit und Anfälligkeit zu sehen, wie auf dem Foto Seite 48, das Sie vor Beginn der Übung betrachten können.
Versuchen Sie, sich nun zunächst möglichst anschaulich zu machen, wie sehr unser aller Lebensmöglichkeit darauf beruht, daß die Erde sich um sich selbst – und zugleich um die Sonne dreht.

Das Ideal: die »Erdposition«

Übertragen Sie das Ergebnis Ihres Nachsinnens alsdann auf die menschliche Situation. Mit uns Menschen ist es im Grunde ähnlich wie mit unserer Erde: Wir »drehen« uns notwendigerweise gleichzeitig um uns selbst und um die Mitwelt, doch diese Doppelbewegung ist – im Unterschied zu den astronomischen Verhältnissen – niemals ideal in Balance, und nur ganz selten sind wir in einer ausgewogenen »Erdposition«.

Aufgebläht zu einer »Sonne«

Überwiegt die »Drehung um uns selbst«, so blähen wir uns zu einer »Sonne« auf (in der Psychopathologie spricht man von einer narzißtischen beziehungsweise schizoiden Position). Das Umgekehrte geschieht, wenn wir nicht genug »Eigendrehung« aufbringen und uns gleichsam zu einem »Mond« reduzieren, der seine Eigenbewegung aufgegeben hat und nur noch um einen außerhalb seiner selbst gelegenen Schwerpunkt kreist (man spricht dann von einer depressiven Position). (23)

Reduziert zu einem »Mond«

Spüren Sie in sich hinein, ob Sie wohl eher die Tendenz haben, eine »Sonne« oder ein »Mond« zu sein. Legen Sie sich aber dabei nicht vorschnell fest, denn es gibt Zeiten, in denen es in der Gesellschaft als

anständiger gilt, ein Mond zu sein als eine Sonne – zu anderen Zeiten geht der allgemeine Anspruch in die entgegengesetzte Richtung; es ist schwierig, sich von diesen Voreingenommenheiten zu lösen.
Vielleicht fragen Sie sich auch, wie es Ihnen möglich sein könnte, die eigene Position in eine »erd«- und damit menschengemäßere Balance zu bringen. Dabei kann Ihnen auch die folgende Übung wichtige Erfahrungen vermitteln.

Zweite Übung: Fällen von Entscheidungen

Sie können die Erde-Übung zusammen mit einem Partner zu einer Übung zum Fällen von Entscheidungen erweitern. Diese Übung geht im Ansatz auf eine Disputationsmethode zurück, die bei uns im Mittelalter von der Scholastik entwickelt worden ist und wie sie ganz ähnlich im Osten entstand und heute noch in tibetischen Klöstern angewendet wird.
Besonders günstig wäre es dabei, wenn Sie einen Dritten als Schiedsrichter hinzuziehen könnten, doch es ist auch möglich, die Übung zu zweit zu machen.
Die Übung beginnt damit, daß Sie sich mit Ihrem Partner zunächst auf ein Thema einigen, das Sie beide interessiert, über das Sie aber unterschiedlicher Meinung sind. Dann bitten Sie Ihren Partner, seine eigene These möglichst klar und eindeutig vorzutragen. Achten Sie dabei gesammelt auf jedes Wort, das er sagt.

Zuhören, mitdenken, nachvollziehen

Im nächsten Schritt wiederholen Sie seine These, *aber mit Ihren Worten.* Beschränken Sie sich dabei nicht nur auf den Wortlaut, sondern denken Sie auch im Sinne des Partners, so daß Sie seine Beweggründe, soweit sie Ihnen deutlich sind, innerlich nachvollziehen können.
Nehmen Sie sich dazu viel Zeit! Das Eingehen auf die Argumente sollte so lange erfolgen, bis Ihr Mitspieler Ihnen bestätigt hat, daß Sie ihn in Ihrer Art genau wiedergegeben haben.
Sobald diese Bestätigung vorliegt, setzen Sie dem Gesagten Ihre eigene These entgegen, so klar und eindeutig wie möglich. Dann bitten Sie Ihren Mitspieler, daß auch er Ihre Überlegungen sinngemäß wiederholt und so weit wie möglich versucht, sie innerlich nachzuvollziehen, bis Sie ihm bestätigen können, daß er sie genau aufgenommen hat. Je gesammelter Sie zuhören und nachdenken, desto ruhiger können Sie sich auf Ihren Gesprächspartner einstellen.

Bewußt die Position wechseln

Setzen Sie dann Ihr Streitgespräch, bei dem sich jeder so weit wie möglich abwechselnd bewußt in die »Sonnenposition« (eines klaren Bekenntnisses zum eigenen Standpunkt) und in die »Mondposition« (einer möglichst vollständigen Übernahme des Standpunktes des anderen) begibt, eine längere Zeit fort. Dabei sollte sich jeder der Partner – unabhängig davon, ob ein Schiedsrichter vorhanden ist – nicht nur als Vertreter seiner eigenen Meinung und als Hörer der Argumente des anderen verstehen, sondern sich auch für die Spielregeln verantwortlich fühlen. Falls ein Schiedsrichter vorhanden ist, sollte dieser sich ausschließlich als Hüter dieser Regeln verstehen, Sie aber sollten sich seinen Hinweisen fügen.
Wenn Sie lange genug geübt haben, bedürfen Sie nicht mehr der ausdrücklichen Bestätigung des anderen. Sie sollten sich aber unbedingt dazu bringen, Ihren Gesprächspartner ausreden und einige Atemzüge verstreichen zu lassen, ehe Sie antworten.

Die menschliche »Erdposition«

Was drückt sich aus in Gefühl und Haltung?

Schließen Sie nun beide die Augen, und vollziehen Sie innerlich nochmal den Gang Ihrer Disputation nach. Beziehen Sie dabei auch den eigenen Leib in Ihre Wahrnehmung ein, indem Sie sich fragen, wie Sie sich jetzt fühlen und was sich in Ihrem Gefühl und Ihrer Haltung ausdrücken könnte. Stimmen Gefühl und Haltung mit Ihren Argumenten überein?
Versuchen Sie dann, sich klar darüber zu werden, ob sich Ihr ursprünglicher Standpunkt irgendwie verändert hat oder ob er der gleiche geblieben ist. Fragen Sie sich auch, ob Sie dazu neigen, dem anderen gegenüber zu gefügig zu sein oder ob Sie – umgekehrt – dazu tendieren, zu starr auf Ihrer eigenen Meinung zu beharren. Fragen Sie dann Ihren Partner, wie er Sie nach der Erfahrung des Spiels in dieser Beziehung einschätzt. Sie sollten natürlich auch hierbei nicht seine Auffassung übernehmen, wohl aber hellhörig werden, wenn Sie sie nicht wenigstens für denkbar halten können.

Balance herstellen

Stellen Sie so die Balance zwischen seinem und Ihrem Standpunkt her (»Erdposition«).

Dritte Übung: Hier und Jetzt

Das eben Gesagte läßt sich mit einer Übung von Ruth Cohn, einer der bedeutendsten Vertreterinnen der Humanistischen Psychologie, noch genauer erfassen, ist aber auch eine Übung für sich. (24)
Begeben Sie sich wieder in den Zustand einer wachen Aufmerksamkeit, die sich ganz auf das Hier und Jetzt konzentriert: »Hier und jetzt sehe ich, spüre ich, fühle ich …«
Bleiben Sie für einige Zeit in diesem Zustand, der Sie in besonderer Weise für den Fluß der Wirklichkeit innerhalb und außerhalb Ihrer selbst gespürig macht.
Wenn Sie das einige Minuten lang gemacht haben, versuchen Sie, sich einige Tatbestände unserer menschlichen Existenz bewußt zu machen: Unser Dasein, unser Hier und Jetzt, ist durch vier unterschiedliche, miteinander zusammenhängende Faktoren bestimmt. Versuchen Sie, eine Meditation in vier Schritten zu vollziehen:

Ich – ein einzig-artiges Wesen –

Erster Schritt: Zunächst einmal erfahren Sie sich als ein Ich, das heißt, Sie sind ein Mensch und kein Ding mit ein für allemal festgelegten Eigenschaften. Vielmehr lassen Sie sich nur als ein Ganzes begreifen, *das sich ständig wandelt*: Weder körperlich noch seelisch sind Sie derselbe wie zu Beginn Ihres Lebens. Trotz dieses ständigen Wandels sind Sie jedoch *ein unverwechselbares Wesen*. Auf der Welt leben neben Ihnen unzählige Menschen. Unter allen Menschen aber, die es gibt, gegeben hat und geben wird, sind Sie eine »Singularität«, unvertauschbar und »einzig-artig«.

– aber auch Teil eines Wir

Zweiter Schritt: Einzigartigsein heißt nicht, vereinzelt zu sein. Wir existieren nur, weil es andere Menschen gab und gibt. Niemand ist aus sich selbst geboren, keiner wird sich selber zu Grabe tragen. Jeder von uns ist insofern in vielfacher Weise *Teil eines Wir*. Ob Sie es merken oder nicht, ob Sie es wünschen oder nicht, immer stehen Sie zugleich mit anderen Menschen in Beziehung.

Wir alle sind durch ein Es verbunden

Dritter Schritt: Da ist ferner ein Es. Damit soll gesagt werden, daß es bestimmte Themen und Interessen gibt, durch die Sie mit den Menschen, unter denen Sie leben, notwendigerweise verbunden sind – auch mit jenen, die Sie nicht kennen, nicht mögen, und die Sie sich nicht selber ausgesucht haben. Jeder von uns ist ja in eine konkrete Mitwelt hineingeboren und teilt mit anderen Menschen Interessen, Neigungen, vor allem aber Aufgaben. Jeder von uns spricht eine bestimmte Sprache, ist Teil einer Kultur und ist mit anderen durch bestimmte Schicksale verbunden.

Der »Lebenskreis«, der uns umschließt

Vierter Schritt: Zugleich leben wir alle in einer Außenwelt, die keineswegs mit unseren Interessen identisch ist. Ruth Cohn nennt sie »*Globe*«, »*Lebenskreis*«. Er existiert außerhalb des unmittelbaren Hier und Jetzt, umfaßt auch mehr als das »Wir«: Bestimmte familiäre, berufliche, hierarchische, ökologische Traditionen und Faktoren sind uns zwar in ihrer Bedeutung oftmals nicht präsent, aber innerhalb der Gruppe, in der wir leben, sind auch sie wirksam.

Vielleicht veranschaulicht das Bild eines Kapitäns diese vier Faktoren: Sein Kapitänspatent allein genügt nicht, er muß sein Schiff in allen Einzelheiten kennen, zugleich mit seiner Mannschaft vertraut sein, aber auch die Meeres-, Wind- und sonstigen Bedingungen gegenwärtig haben, damit er sein Ziel erreichen kann.

Lebenswichtig: die Balance

Die Vierheit – Ich, Wir, Es und der Lebenskreis – funktioniert nur dann wirklich, wenn ihre einzelnen Faktoren zueinander in einer dynamischen Balance stehen. Sie läßt sich im folgenden Satz von Ruth Cohn zusammenfassen: *»Ich bin wichtig – Du bist wichtig – die Welt ist wichtig – die Balance zwischen alledem ist lebenswichtig.«*

Die Einsicht in die »Gleich-Gültigkeit« unterschiedlicher, ja entgegengesetzter Elemente ist uraltes Menschheitswissen. Sie liegt zum Beispiel der chinesischen Yin-Yang-Philosophie zugrunde, die besagt, daß Leben nur als dynamisches Wechselspiel (Tag-Nacht, Mann-Frau, Heiß-Kalt, Hart-Weich, Sonne-Schatten) und als ständige Neuorientierung gelingt.

Wir alle sind Teil des Universums

Wenn Ihnen aufgegangen ist, wie vielschichtig *Sie* sind, wie vielschichtig *die Welt* ist und, vor allem, wie vielschichtig *Ihre Beziehungen* zur Welt sind, dann folgt daraus die Einsicht: *Ich bin nur, weil ich ein Teil des* gesamten Kosmos bin. Letztlich hänge ich über diese Zusammengehörigkeit mit jedermann zusammen, weil wir alle Teil des Universums sind – meine Eltern, meine Kinder, meine Nächsten, meine Fernsten, alle Wesen in Vergangenheit, Gegenwart und Zukunft. Aber daß ich an all dem teilhabe, trifft die Wirklichkeit nicht ganz: Ich bin zunächst und in erster Linie ich selbst. Das heißt, daß meine Situation durch Selbständigkeit und wechselseitige Abhängigkeit *gleichzeitig* bestimmt wird.

Sich in die Welt mit Kopf und Herz eingeben

An der Erde-Übung (Seite 49) haben Sie gelernt, daß Sie einen menschengemäßen Standort nicht dadurch gewinnen, daß Sie sich von der Welt abkapseln, aber auch dann nicht, wenn Sie sich in die Welt hineinverlieren, sich in sie aufgeben. Sie gewinnen ihn nur, wenn Sie sich in diese Welt mit Kopf und Herz, mit Rat und Tat eingeben. Versuchen Sie zu denken und zugleich zu empfinden: Ich bin nicht allmächtig. Ich bin aber auch nicht ohnmächtig. Ich bin *teilweise* mächtig. Vor allem jedoch bin ich für mich verantwortlich. Dir und der ganzen Welt bin ich nicht verantwortlich. Wohl aber bin ich *für meine Anteilnahme* an Dir und an der Welt verantwortlich. Dies ist nicht der Ausdruck einer indiskreten Einmischung in die Belange meiner Mitmenschen, sondern die Konsequenz der Tatsache, daß ich mich in meiner Meditation nicht nur als Kopf, sondern als ganzer Mensch, nicht nur als denkend, sondern zugleich als fühlend und wertend erfahre.

Meditation und die Entwicklung des Ich

Die Beschäftigung mit dem Ich bei der Meditation hat dieser den Vorwurf eingebracht, den Meditierenden zur Egozentrik zu erziehen. Das Gegenteil ist der Fall! Wenn man zum Beispiel an die von Sri Aurobindo gegründete Stadt Auroville in Südindien denkt oder an die einzigartige Betreuung geistig Behinderter in anthroposophischen Heimen, die ohne die meditative Haltung ihrer Gründer undenkbar wären, dann merkt man, daß zu jeder wirklichen Meditation ein hohes soziales Engagement, ja mitunter sogar starke sozialreformerische Impulse eher passen als Egozentrik und verschrobene Innerlichkeit, die Gegner den Meditierenden gern unterstellen.

Die Fähigkeit zu fühlen wird vertieft

Oft wird auch behauptet, die Meditation töte die Gefühle ab. Bei richtig praktizierter Meditation wird aber die Fähigkeit, tiefer zu fühlen, gesteigert. Auf einem anderen Blatt steht freilich, daß sie, wie alle guten Dinge auf dieser Welt, mißbraucht werden kann.

Im Prinzip wird man das Ziel der Meditation mit einem Wort des Hl. Augustin umschreiben können: »Zuerst muß der Mensch selber sich zurückgegeben werden, damit er, gleichsam zur Stufe geworden, von dorther sich aufmache und aufgenommen werde zu Gott.« (Ein religiös nicht gebundener Mensch wird dabei das Wort »Gott« vielleicht durch »letzte Wirklichkeit« ersetzen.)

Einkehr zum Ich – Auskehr zum Du

Beim Studium der Meditationsliteratur fällt oftmals auf, daß dort auf der einen Seite von der Notwendigkeit geredet wird, unser Ich weiterzuentwickeln und zu stärken; auf der anderen Seite aber stößt man immer wieder auf die Forderung, das eigene Ich aufzugeben.

Wir meinen, daß diese beiden Aspekte einander bedingen: Ohne ein wenigstens ansatzweise entwickeltes Ich wären wir ein Spielball der Einflüsse, die von außen auf uns eindringen. Die für die Meditation

Sich entwickeln

erforderlichen Ich-Leistungen wie Wendung nach innen (Introversion), Aufnahmefähigkeit (Rezeptivität), Biegsamkeit (Flexibilität) sowie die Fähigkeit, sich auf immer neue Situationen einzustellen (Integrationsfähigkeit), lassen sich nur von einem einigermaßen selbständigen Ich erfüllen!

Es ist ein Fehler, Selbständigkeit mit Selbstherrlichkeit zu verwechseln. Ein selbstherrlicher Mensch möchte der Nabel der Welt sein, ein »zu sich Gekommener« dagegen zeigt eine tiefe Sehnsucht nach Hingabe: »Die Einkehr in das innerste Ich ist immer gleichzeitig auch die Auskehr des Ich zum höchsten Du.« (25)

Das Bedürfnis nach »Auskehr«, nach Hingabe in der Meditation wird

Sich hingeben

nun vielfach mit dem Begriff »Aufgeben des eigenen Ich« umschrieben. Damit ist jedoch weder Schwäche noch existentielle Kraftlosigkeit gemeint, sondern das Aufgeben des Wahns, die letzte Wirklichkeit (oder Gott) aus eigener Kraft in Besitz nehmen zu können, wozu ein Mensch in der »Sonnenposition« (Seite 49) selbstherrlich neigt.

Vielmehr geht es um die Bereitschaft, sich von der geistigen Wirklichkeit *tragen zu lassen*. Einer Wirklichkeit, die außerhalb von uns selbst existent ist und für die der Apostel Paulus folgendes Bild gefunden hat: »Ich lebe; aber nicht ich, sondern Christus lebt in mir« (Gal. 2,20).

Auch der Nicht-Christ kann in dieser Formulierung den Kern der meditativen und mystischen Erfahrung und der Forderung der Meditationsmeister, das eigene Ich »aufzugeben«, ausgedrückt finden. Der tiefste Widerspruch zum Geist der Meditation besteht darin, daß ein Mensch meint, er würde sein »Licht« aus sich selbst beziehen und nicht aus einer Wirklichkeit jenseits der eigenen Person.

Damit aber haben wir uns einem Bereich genähert, in dem es nicht mehr bloß um eine vertiefte Beziehung zu uns selbst, zur Natur und zu unseren Mitmenschen geht, sondern um den Bezug zur geistigen und religiösen Wirklichkeit. Davon handelt das nächste Kapitel.

Meditativer Umgang mit religiösen Texten

Im Osten war der meditative Umgang mit religiösen Texten immer selbstverständlicher als im Abendland, obwohl es auch bei uns seit den Tagen des Urchristentums eine meditative religiöse Praxis gegeben hat. Sie suchte sich Gott vor allem in Form meditativer Schriftlesung, meditativen Schweigens, in meditativem Gebet und Gesang zu nähern. Dennoch verstummte niemals der Zweifel, ob die Meditation im tiefsten christlich sei, weil man bei Jesus keine meditative Praxis zu erkennen glaubte.

Darf ein Christ meditieren?

Ein meditierender Christ setzt sich auch heute noch leicht dem Vorwurf aus, er sei vom Osten »angekränkelt«. Dies ist historisch und sachlich unbegründet. Jesus bevorzugte zwar eine ganz andere spirituelle Praxis als zum Beispiel der Begründer des Buddhismus, der historische Buddha Shakyamuni. Aber zweifellos hat Jesus selbst meditiert. Und auch die Bibel enthält zahlreiche Aussagen, die sich letztlich nur dem meditativen Zugang erschließen. Die Hinweise darauf sind allerdings oftmals eher versteckt »zwischen den Zeilen« zu finden.

Meditation im Christentum

Auch Jesus hat meditiert

Vordergründig betrachtet ist unbestreitbar, daß bei Jesus das Gebet im Zentrum stand, bei Buddha dagegen die Versenkung. Nicht sie wird in der Bibel als heilbringend angesehen, sondern der zuversichtliche Glaube an den gnädigen Vatergott. Eine genauere Betrachtung zeigt indes, daß diese Polarisierung zwar nicht falsch ist, aber der Ergänzung bedarf. Jesus betete hauptsächlich »dialogisch«, das heißt, er sprach unmittelbar mit dem Vater. Daß er aber außerdem meditiert hat, wird zum Beispiel an der Versuchungsgeschichte (Mt. 4,1 bis 11) deutlich, obwohl dort das Wort »meditieren« nicht vorkommt. Charakteristisch ist jedoch der Ablauf der Handlung:
Nach seiner Einführung ins Messiasamt mit der Taufe im Jordan durch Johannes den Täufer (Mt. 3,13 bis 17) geht Jesus keineswegs, wie man erwarten möchte, in die Öffentlichkeit, um das Amt zu übernehmen, zu dem er sich berufen fühlt. Vielmehr sucht er unmittelbar nach dieser Erfahrung einen »klassischen« Ort der Meditation auf, die Wüste, wo er vierzig Tage fastet und betet.

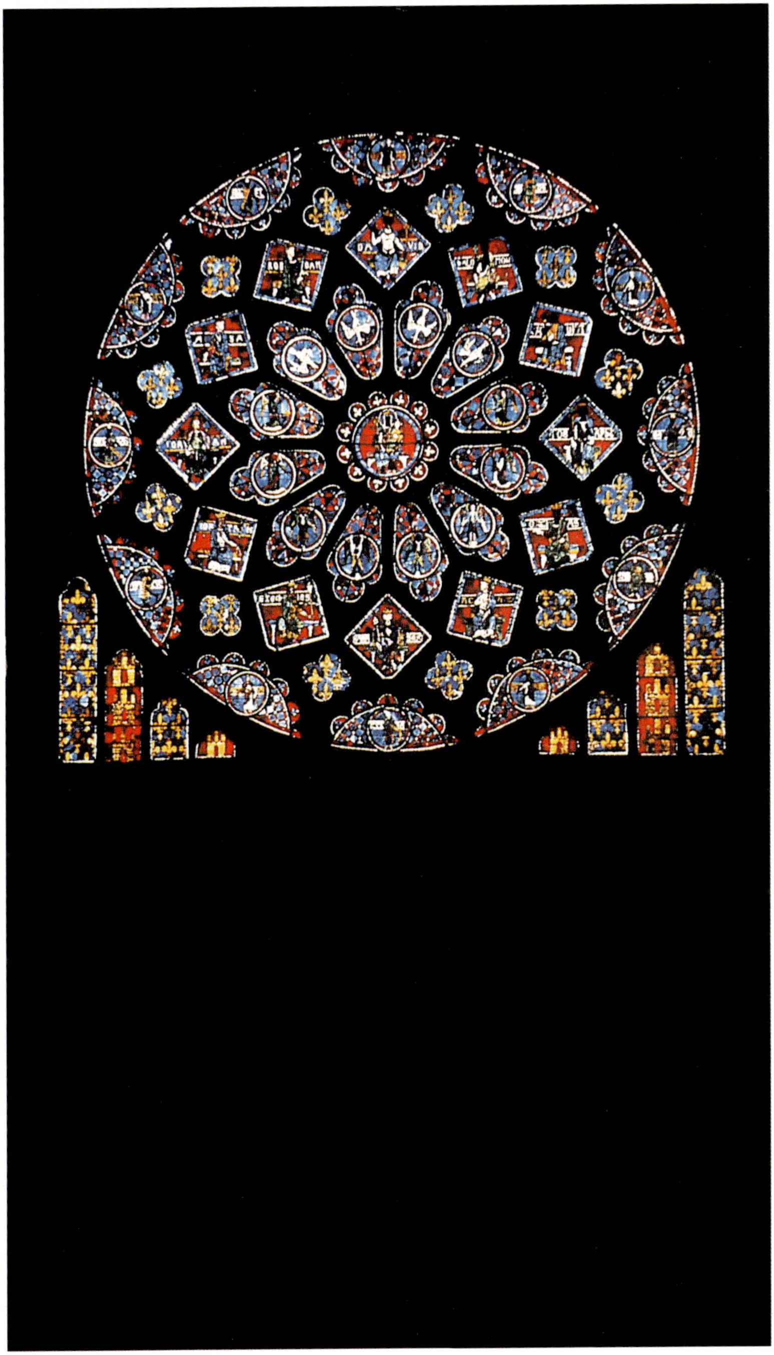

Fensterrose an der Nordwand des Querschiffes der Kathedrale von Chartres: Maria mit dem Christuskind. Seit mehr als sieben Jahrhunderten stehen die Menschen betroffen vor den in Farbe glühenden Fenstern von Chartres. Aber nur der meditative Zugang eröffnet das eigentliche Zentrum des Kunstwerkes: die Selbstoffenbarung Gottes in Christus. Man kann die Rose als Mandala-Symbol (26) ansehen, das das Unbegreifliche sinnlich zur Anschauung bringen möchte.

Meditation am Bibeltext

Wenn wir nunmehr versuchen wollen, uns einem Bibeltext über die Meditation zu nähern, hilft es uns vielleicht, uns von Martin Luther (1483 bis 1546) zeigen zu lassen, wie man das macht. In der »Ratio vivendi sacerdotum«, in der Schrift, wie Priester leben sollen, schrieb er: »Am Abend mußt Du Dir auf jeden Fall eine Stelle aus der Heiligen Schrift ins Bett nehmen, womit Du, wiederkäuend wie ein reines Tier, einschlafen magst; es soll aber nicht viel sein, eher ganz weniges, aber gut gedacht und verstanden; und wenn Du am Morgen aufstehst, sollst Du es wie die Hinterlassenschaft des Gestern vorfinden.«

»... aber gut gedacht und verstanden«

Auch hier wieder: Meditation als Stufenweg

Sie sehen, lieber Leser, daß sich Luther dem Text in jener Haltung nähert, die wir bereits bei der Betrachtung des Gedichtes von Matthias Claudius erarbeitet haben (Seite 35). Diese Haltung ist so wichtig, daß sie hier nochmals aus den Worten Luthers herausgelesen und vertieft werden soll:

- Man soll die Stelle, die man meditieren möchte, langsam und immer wieder lesen.
- Unbedingt wichtig ist es auch, daß man den Text genau kennenlernt und versteht – ihn schließlich auch auswendig beherrscht.
- »Wie ein reines Tier«? Ein Tier ist ganz ungeteilt es selbst, nichts tritt besonders hervor, es ist ganz dem Wiederkäuen und Verdauen hingegeben. So soll es auch der Mensch tun: nicht verstandesbetont, nicht willensbetont, nicht gefühlsbetont, einfach hingegeben dem Aufnehmen und Bewegen des Textes.

»Wiederkäuen«

Falsch wäre es, das Durchdenken des Textes so zu verstehen, daß Sie etwas mit dem Text »machen« sollen. Vielmehr sollten Sie sich vom Text führen lassen, und zwar so, daß Sie ihn in Ihrem Inneren bewegen. Im Grunde geschieht das so, wie es uns in der Verkündigungsgeschichte geschildert wird (Lukas 2,19): »Maria behielt all diese Worte (des Engels) und bewegte sie in ihrem Herzen.«

»Im Herzen bewegen«

Hinterfragen hat seine Zeit – Meditieren hat seine Zeit

Wichtig ist also, daß man sich der Stelle, die man meditieren möchte, nicht wie ein moderner Wissenschaftler nähert: Man soll beim Meditieren kein »was«, »wie«, »warum« oder »aber« zulassen, soll also den Text nicht logisch zerlegen oder ihn auf andere Weise hinterfragen. Für wissenschaftliche Fragestellungen kann ein derartiger Zugang durchaus sinnvoll sein; bei der Meditation dagegen stört er ein tieferes Verständnis, denn bei ihr geht es ja um weitaus mehr als um ein bloßes diskursives Denken, das von Begriff zu Begriff fortschreitet. Also auch hier: *Hinterfragen hat seine Zeit. Meditieren hat seine Zeit.*

Ohne »warum«

Meditation der sieben »Ich bin«-Worte Jesu

Daß ein derartiger Zugang über die Meditation mehr bringen kann als nur Erbauung, daß er unter Umständen sogar zu wesentlichen Einsichten führen kann, obwohl dabei auf ein rationales In-den-Griff-Nehmen verzichtet wird, soll nunmehr aufgezeigt werden.
Als Beispiel dafür wollen wir die sieben »Ich bin«-Worte Jesu heranziehen, die in einer Folge im Johannes-Evangelium gesagt werden. Dabei wird deutlich, daß der Text auch als Meditationsanleitung verstanden werden kann und daß man der Tiefe seiner Aussagen, wenn überhaupt, dann am ehesten über den Weg der Meditation nahekommt.
Wir möchten die Worte zunächst einmal ohne jede Erläuterung vor uns hinstellen. Sie lauten:

»Ich bin das Brot des Lebens.«	Joh. 6, 35
»Ich bin das Licht der Welt.«	Joh. 8, 12
»Ich bin die Tür.«	Joh. 10, 9
»Ich bin der gute Hirte.«	Joh. 10, 12
»Ich bin die Auferstehung und das Leben.«	Joh. 11, 25
»Ich bin der Weg und die Wahrheit und das Leben.«	Joh. 14, 6
»Ich bin der Weinstock, Ihr seid die Reben,	Joh. 15, 1
und mein Vater der Weingärtner.«	Joh. 15, 5.

Auf sich wirken lassen

Wenn Sie diese sieben Worte Bild für Bild auf sich wirken lassen, werden Sie feststellen, daß Sie an einer geistigen Bewegung teilnehmen. Sie wird am ehesten faßbar, wenn Sie das erste und das letzte der sieben »Ich bin«-Worte zueinander in Beziehung setzen: Während im ersten Wort vom Anspruch Christi die Rede ist: »Ich bin das Brot«, endet das letzte mit dem nicht minder übermächtigen Anspruch: »Ich bin der Wein.« Nährt das Brot den Menschen, so ist der Wein das Getränk für Feste und Feiern. Die »Ich bin«-Worte umfassen somit die beiden Elemente des Abendmahls: Brot und Wein. Und damit rahmen sie den Anspruch Christi ein, die gesamte Wirklichkeit, sogar die Welt der Materie, im Innersten zu verwandeln.

Verwandlung

Meditative Vertiefung

Aufmerksam geworden, geht Ihnen durch weitere meditative Vertiefung auf, daß auch die anderen »Ich bin«-Worte Teile eines Entwicklungsprozesses sind: Das erste Wort lenkt den geistigen Blick gleichsam nach unten, auf den Boden, in den das Samenkorn gelegt wurde, um dort zur Ähre zu reifen. Dabei gestaltet der Mensch insofern die Schöpfung aktiv mit, als er durch sein weiteres Tun Gottes Gabe zu Brot verwandelt. Beim zweiten »Ich bin«-Wort schauen wir hingegen nach oben: »Ich bin das Licht.« »Wie die Welt unter uns ernährend ist, so ist die Welt über uns erleuchtend«, bemerkt Friedrich Rittelmeyer, dem wir den Einblick in den inneren Zusammenhang der sieben »Ich bin«-Worte verdanken. (27)

Mitvollziehen einer geistigen Bewegung

In eine ganz andere Richtung – nach außen – wird unser Blick durch das nächste »Ich bin«-Wort gelenkt: »Ich bin die Tür.« Wenn wir die geistige Bewegung des Durch-die-Türe-Schreitens vollzogen haben, sind wir nunmehr in der Mitte angekommen, beim vierten »Ich bin«-Wort, und betreten damit zugleich einen neuen Bereich.

Lassen Sie sich von den Worten leiten

Hier erreicht uns das nächste Wort: »Ich bin der gute Hirte.« Um die Bedeutung dieses Wortes zu begreifen, müssen wir uns von all der Sentimentalität freimachen, die sich so leicht bei dem Bild von Jesus als dem guten Hirten einstellt. Erst dann werden wir hellhörig für den Kontext, in dem dieses Wort steht: »Ich bin der gute Hirte; ich kenne die Meinen, und die Meinen kennen mich.« Es geht also um ein Erkennen, das zugleich die Erfahrung einer letzten Geborgenheit vermittelt.

Eintritt ins Zentrum

Worin gründet diese Geborgenheit? Erinnern wir uns, daß wir bis jetzt die vier geistigen »Raumdimensionen« durchschritten haben: unten – oben – außen – innen. Die Antwort auf unsere Frage liegt im nächsten Wort: »Ich bin die Auferstehung und das Leben.« Damit wird wieder eine neue Dimension eingeführt: das Leben. Nicht mehr der Tod, mit dem alle Zukunft zu Ende ist, sondern das Leben ist das letzte Wort! Diese Aussage ist so ungeheuerlich, daß Menschen sie nicht mehr zu fassen vermögen. Charakteristischerweise wird das nächste der »Ich bin«-Worte zu Thomas gesprochen, dem Grübler und Zweifler, der sich nicht mit dem Glauben zufriedengeben kann, sondern der sehen möchte (er wird sagen, er könne nicht an die Auferstehung Jesu glauben, solange er seine Hände nicht in Jesu Wunden gelegt habe). Ihm bekundet der Christus: »Ich bin der Weg und die Wahrheit und das Leben.« Er gibt damit seiner vorherigen Aussage Struktur in Form einer Verheißung auf eine nicht mehr endende Zukunft und beantwortet zugleich die Frage des Thomas: »Wir wissen nicht, wo Du hingehst, und wie können wir den Weg wissen?« (Joh. 14, 5).

»Ich bin die Auferstehung und das Leben«

Einen Weg zu begehen, können wir westlichen Menschen uns meist nur als permanenten »Fort-Schritt« vorstellen. Ganz anders die Verheißung Christi: »Ich bin der wahre Weinstock, und mein Vater ist der Weingärtner, und Ihr seid die Reben.« Dies ist ein anschauliches Bild der »ewigen Gegenwart«. Für unser Alltagsbewußtsein ist diese Schau nicht mehr vorstellbar, nur noch dem Mystiker ist eine solche »ewige Gegenwart« in seiner Schau ahnend zugänglich. Der Meditierende kann sich ihr nähern, wobei ihm gerade die Meditation der sieben »Ich bin«-Worte eine Hilfe gibt.

Ein Bild der »ewigen Gegenwart«

Meditation des »Vaterunser«

Auch das »Vaterunser« zeigt eine Struktur, die darauf hinweist, daß dieses Gebet den Charakter eines Meditationstextes hat. An dieser Struktur läßt sich die spirituelle Bedeutung des Aufbaus der sieben »Ich bin«-Worte noch deutlicher machen. Rufen wir uns zunächst einmal den Text ins Gedächtnis:

Meditationstext

»Unser Vater im Himmel,
Dein Name werde geheiligt,
Dein Reich komme,
Dein Wille geschehe
wie im Himmel, so auf der Erde.
Gib uns heute das Brot, das wir brauchen.
Und erlaß' uns unsere Schulden,
wie auch wir sie unseren Schuldnern erlassen haben.
Und führe uns nicht in Versuchung,
sondern rette uns vor dem Bösen.«

Matth. 6, 9–13

Mitvollziehen einer geistigen Bewegung

Bei der Zahl der Bitten stoßen wir wiederum auf die Sieben – sie ist in fast allen Religionen eine heilige Zahl. Sie bedeutet »das Vollkommene, Allseitige, Abschließende in allen Fristen«. (28) Das ist aber nicht die einzige Parallele zu den sieben »Ich bin«-Worten.
Bei der eigentlichen Meditation des Vaterunser entdecken wir diesmal eine geistige Bewegung, die entgegengesetzt verläuft zu der Bewegung im Johannes-Evangelium: Sie beginnt beim Vater im Himmel, steigt von dort auf die Erde ab und durchmißt sogar die Niederungen von Schuld und Versuchung, ja des Bösen.
Geht es im Johannes-Evangelium um eine Aufstiegsbewegung, die beim Irdischsten, dem Brot, beginnt und schließlich in der mystischen Vereinigung mit Gott gipfelt, so beziehen sich die Bitten des Vaterunser darauf, daß Gott sich dem Menschen zuneigen und zu ihm herunterkommen möge, bis in dessen tiefste Verfallenheit.

Eröffnung neuer Dimensionen

Wenn Sie, lieber Leser, unseren Gedanken bis zu diesem Punkt gefolgt sind, dann werden Sie vielleicht sagen, daß das zwar eine bemerkenswerte Sichtweise ist, die uns dazu verhelfen kann, religiöse Texte neu zu verstehen. Sie werden sich aber auch fragen, ob diese Gedanken eine *praktische* Bedeutung haben.

Die praktische Bedeutung

Wir meinen, daß die Meditation tatsächlich eine neue Dimension eröffnet, wenn wir den geistigen Inhalt eines solches Textes tiefer ausloten. Das kann aber nur geschehen, wenn wir es tatsächlich versuchen. Wir

»Lesen Sie in Ihren heiligen Schriften«

Abendländer haben beim Umgang mit unseren religiösen Texten oft eine heillose Scheu. Gopi Krishna, einer der bedeutendsten Yogis Indiens in diesem Jahrhundert, hilft uns, diese Scheu abzubauen. In einer Diskussion mit deutschen Wissenschaftlern sagte er: »Lesen Sie in Ihren heiligen Schriften, Sie finden dasselbe wie in unseren. Du sollst Deine Mitmenschen lieben, Du sollst Gott lieben; Du sollst Deinen Mitmenschen in Gott lieben. Alles andere ist überflüssig. Nirgends steht: Du sollst meditieren. Wenn Du aber Gott lieben willst und Deinen Mitmenschen, und Du entdeckst die große Wahrheit, daß Meditieren Dir dazu verhelfen kann, dann sollst Du meditieren, und wenn Du das nicht entdeckst, dann sollst Du es bleiben lassen«. (29)
Der Physiker und Philosoph Carl-Friedrich von Weizsäcker, ein Schüler von Gopi Krishna, schreibt dazu: »Also ist es nicht eine Flucht in die eigene Innerlichkeit, sondern es ist ein Sichstellen gegenüber denjenigen inneren Hemmnissen, die einen hindern, sich seinen Mitmenschen und der Wirklichkeit zuzuwenden. Und noch etwas: Ein großer Teil der sogenannten aktiven Zuwendungen zur Wirklichkeit ist ja nur eine Flucht davor, einmal sich selbst anzusehen.«

Hilft die Meditation dem religiösen Glauben?

Bewahrt vor Erstarrung

Nach dem Gesagten wird auch die Bedeutung der Meditation für den religiösen Glauben deutlich: Sie ist als solche weder religiös noch nichtreligiös, sie kann aber den religiösen Akt vertiefen. Sicherlich kann die Meditation dem religiösen Menschen nicht das Gebet ersetzen. Gebet und Meditation haben vielmehr jeweils ihre eigene Bedeutung; wohl aber kann Meditation das Gebetsleben vor der Erstarrung bewahren.
Was über den religiösen Glauben gesagt wurde, läßt sich auch auf die menschliche Erkenntnisfähigkeit übertragen: Die Meditation kann ebensowenig wie irgendein anderer Weg die Grenzen unserer Erkenntnisfähigkeit aufheben. Wohl aber kann sie uns dazu verhelfen, daß wir uns dem Erkennbaren wacher und aufgeschlossener nähern und zugleich bereitwilliger sind, im Sinne Goethes »das Unerforschliche ruhig zu verehren«.

Imaginative Techniken der Meditation

Ein-Bildungs-Kraft

Wir möchten Sie abschließend mit einer Meditationstechnik vertraut machen, die vor allem im tibetischen Buddhismus zu höchster Blüte gebracht wurde – der imaginativen Methode. Auch im Abendland wurde die »Ein-Bildungs-Kraft«, so könnte man »Imagination« übersetzen, für die Meditation herangezogen. In jüngster Zeit erlebte sie eine Wiedergeburt durch C. G. Jung und seine Schule sowie durch die humanistische Psychologie.

Wir schlagen vor, daß Sie jede dieser Imaginationsübungen entsprechend der tibetischen Tradition in zwei getrennten Schritten vollziehen:

- In einem ersten Schritt, der »Phase der Entfaltung«, bilden Sie sich bestimmte Vorstellungen, die Sie möglichst lebendig innerlich vor sich hinstellen und auf die Sie sich so tief wie möglich einlassen.
- In einem zweiten Schritt versuchen Sie, den Ertrag Ihrer Meditation in den normalen Lebens- und Bewußtseinsstrom aufzulösen. Im Tibetischen nennt man dies »Phase der Einschmelzung« oder »Phase der vollkommenen Integrierung«.

Erste Übung: Evolution des Menschen

Vorbemerkung: Diese Übung läßt sich am besten im Liegen bei geschlossenen Augen durchführen. Ihre Dauer beträgt etwa 25 Minuten. (30) Wenn es Ihnen irgendwie möglich ist, sollten Sie diese Übung mit anderen Menschen zusammen machen, die Ihnen nahestehen. Vielleicht kann dabei jemand die Übungsanweisungen vorsprechen. Wenn das nicht geht, üben Sie bitte den Text vorher ein, wie Sie es gelernt haben. Meist erleichtert es auch das Üben, wenn Sie dabei leise meditative Musik hören. Besonders gut hat sich uns dabei Tony Scotts »Music for Zen-Meditation« (V6-8634 Stereo) bewährt.
Es ist wichtig, daß Sie sich genügend Zeit für die Konzentration bei den einzelnen Entwicklungsschritten lassen. Legen Sie sich zunächst auf den Rücken in der Haltung, wie sie auf Seite 20 beschrieben ist. Stellen Sie sich dann vor, Sie seien ein Stück Stein auf dem Grunde des Ur-

Dasein

meeres, zu einer Zeit, als es noch kein Leben gab. Sie sind ausschließlich den Kräften Ihrer Umwelt ausgeliefert, vor allem dem Wasser, das Sie manchmal als sanfte Strömung, manchmal als stürmische Brandung hin und her bewegt. Spüren Sie diese völlige Passivität und Beziehungslosigkeit!

Leben

Nun ist das Leben entstanden, und Sie verwandeln sich in eine Urpflanze, die sich in der Wasserströmung hin und her bewegt.
Auch jetzt sind Sie völlig den Einflüssen von außen ausgeliefert, aber dennoch ist eine ganz neue Dimension hinzugekommen: Sie treten in eine erste Beziehung zur Umwelt, indem Sie von ihr Nährstoffe aufnehmen und verbrauchte Substanzen abgeben.
Erleben Sie als nächstes, wie Sie vom Boden losgerissen werden, und wie sich allmählich Ihr Leib organisiert, während Sie sich zu einem Fisch im Meer verwandeln. Empfinden Sie den Zuwachs an Beweglichkeit und Freiheit, aber auch an neuen Aufgaben, die mit diesem Schritt verbunden sind.

Empfinden

Plötzlich werden Sie mit einer Welle an Land gespült – Voraussetzung für den nächsten Schritt hin zum Landtier. Zunächst fürchten Sie vermutlich, in der neuen Umgebung, mit der Sie nicht vertraut sind, zugrunde zu gehen. Plötzlich tut sich Ihnen aber ein neuer Raum von Freiheit auf, freilich auch von Aufgaben und Bedrohtheit. In welches Tier verwandeln Sie sich? Spüren Sie sich als dieses Tier in all seiner Lebendigkeit, und erfahren Sie die Auswirkungen des Schrittes, den Sie gegangen sind: Die viel dichtere Beziehung zu Ihrer Umwelt, den Gewinn an Beweglichkeit, an Ausdrucksmöglichkeiten, an Wahrnehmungen oder was Ihnen sonst aufging.

Sich als Mensch erfahren

Langsam richten Sie sich auf und erfahren sich zum ersten Mal als Mensch. Schauen Sie in sich und blicken Sie sich um! (In der Übung zunächst noch imaginativ, mit geschlossenen Augen.) Was macht Ihre Welt zur menschlichen Welt?
Machen Sie die Erfahrung, angesprochen zu werden, aber auch selbst sprechen zu können. Spüren Sie, was Liebe ist mit all ihren Ausdrucksmöglichkeiten, aber auch all ihren Nöten.
Ihnen wird deutlich, daß Sie eines Tages tot sein werden. Wie gehen Sie mit dieser Tatsache um? Nützen Sie die begrenzte Zeit zwischen Geburt und Tod in menschenwürdiger Weise? Wird mit dem unabwendbaren Ende Ihres irdischen Daseins für Sie alles zu Ende sein, oder können Sie sich denken, daß die Entwicklung, die Ihnen bisher an jeder Stufe so viel Bedrohung, aber auch Zuwachs an neuen Möglichkeiten brachte, hier nicht endgültig abbricht?
Was immer Sie dazu denken und empfinden mögen – öffnen Sie nun langsam die Augen, und nehmen Sie wieder Beziehung auf zu Ihrer Mitwelt. Versuchen Sie zu verstehen, wie Sie die Entwicklungsebenen

»Dasein«, »Leben«, »Empfinden« und »menschliche Dimension« durchschritten haben. Machen Sie sich schließlich klar, wie sich durch die Übung Ihr Verhältnis zu Ihrem eigenen Dasein und zu den anderen Menschen gewandelt hat.

Zweite Übung: Begegnung mit dem alten Weisen

Vorbemerkung: Diese Übung können Sie allein oder zusammen mit Ihnen vertrauten Menschen machen. (31) Wenn das nicht geht, üben Sie bitte den Text vorher ein, wie Sie es gelernt haben. Sie sollten sie auf einem Stuhl sitzend oder im Liegen durchführen. Ihre Dauer ist individuell verschieden lang; im allgemeinen sollten Sie jedoch mindestens eine halbe Stunde einplanen und sich danach nochmals genügend Zeit zum Überdenken lassen.
Wenn Sie die Übung wiederholen, wozu wir Ihnen sehr raten, ist es wichtig, sie erneut in einem »Anfängergeist« zu vollziehen, so als würden Sie sie zum erstenmal machen.
Stellen Sie sich zunächst vor, wie Sie in einer warmen Vollmondnacht auf einer Wiese sitzen. Nehmen Sie die ganze Atmosphäre dieser Nacht in sich auf! Drehen Sie sich dann langsam um. Vor sich sehen Sie einen Berg, auf den ein Weg hinaufführt. Sie gehen den Pfad langsam hinauf – Schritt für Schritt. Was nehmen Sie um sich herum wahr, und wie fühlen Sie sich jetzt? Nach einiger Zeit biegt von dem breiteren Weg ein schmälerer, steilerer Pfad ab, dem Sie nunmehr folgen. Wie verändert sich alles um Sie herum, während Sie immer höher kommen, bis Sie schließlich auf einem Plateau anlangen!

Der Weg

Im Hintergrund bemerken Sie eine Höhle, vor der ein kleines Holzfeuer brennt. Schemenhaft nehmen Sie wahr, daß in der Höhle ein alter Mann wohnt. Man hat Ihnen schon viel von dem Mann erzählt. Sie nähern sich dem Feuer und legen Holz nach, bis das Feuer hell auflodert.

Die Begegnung

Dann betreten Sie die Höhle, in der Sie jetzt deutlich den alten weisen Mann sehen können. Sie begrüßen ihn und schauen ihn näher an. Lassen Sie sich dabei Zeit, um ihn genau betrachten zu können – seine Gestalt, seine Augen, sein Wesen. Grüßen Sie den alten Mann.
Sie wissen, daß Sie dem Mann eine Frage stellen können, die Ihnen schon immer am Herzen lag und die Sie bisher noch nie einem anderen

Sri Lanka (ehemals Ceylon), Höhlentempel auf dem Felsplataeu von Dambulla: Der historische Buddha Shakyamuni, wie er heute an einer uralten buddhistischen Pilgerstätte von Hunderten von Pilgern verehrt, meditiert und angebetet wird. Häufig wird er so in Mönchskleidung, Meditationshaltung und mit einer Flamme über dem Scheitel dargestellt. Die goldgelbe Farbe wird stets von Mönchen erneuert und symbolisiert das Ereignis und den Zustand der Erleuchtung (Buddhaschaft) und das geistige Licht, das die ganze Gestalt umfließt.

Die Frage gestellt haben, vielleicht nicht einmal sich selbst, weil Sie meinten, daß es darauf keine Antwort gäbe.

Was fragen Sie den Mann? Was empfinden Sie dabei? Welche Antwort gibt Ihnen der Mann? Sagt er etwas? Oder drückt er sich auf eine andere Weise aus? Denken Sie über seine Antwort nach!

Die Selbstbegegnung

Auf einmal *verwandeln Sie sich* in den alten weisen Mann. Wie fühlen Sie sich als dieser? Wie sehen Sie den Frager? Betrachten Sie ihn genau, und erspüren Sie seine innerste Absicht! Schauen Sie auf ihn mit dem unbestechlichen, aber verständnisvollen, gütigen Blick, der dem weisen Alten zu eigen ist. Was ist die Aussage, die den Frager wirklich bewegt hat, denn Sie wissen, daß es keine Frage gibt, hinter der nicht eine Aussage steht.

Dann seien Sie wieder Sie selbst. Vielleicht hat Sie das Eintauchen in das Wesen des alten Weisen dazu gebracht, daß Sie Ihre ursprüngliche Frage nochmals neu oder anders stellen möchten. Was antwortet er Ihnen jetzt? Sinnen Sie auch darüber nach. Vielleicht sind Sie jetzt mehr zum Kern Ihrer Frage vorgestoßen.

Der Dank

Bedanken Sie sich dann bei dem Weisen, daß er Ihnen Zeit geschenkt und mit Ihnen gesprochen hat, und verabschieden Sie sich. Gehen Sie aus der Höhle.

Das Geschenk

Nachdem Sie die Höhle verlassen haben, ruft der alte Mann Sie nochmals zurück. Er greift hinter sich und drückt Ihnen ein Geschenk in die Hand. Sie spüren es zwar in Ihrer Hand, wissen aber, daß Sie es erst näher ansehen sollen, wenn Sie wieder zu Ihrem Ausgangspunkt, der Bergwiese, zurückgekehrt sind. Verlassen Sie nun endgültig die Höhle. Der Mond am Himmel ist weitergewandert, scheint aber noch, so daß Sie den Rückweg finden können. Gehen Sie Ihren Weg zurück, zunächst den steilen Teil und dann den breiteren, Schritt für Schritt. Merken Sie sich genau die Einzelheiten des Weges, damit Sie eines Tages den alten Weisen wieder aufsuchen können, wenn Sie seiner bedürfen. Schließlich finden Sie zur Wiese zurück und suchen sich Ihren Platz. Jetzt öffnen Sie Ihre Hand und betrachten Ihr Geschenk. Verwandeln Sie sich in das Geschenk, *werden Sie* also *selbst zum Geschenk*. Wie fühlen Sie sich als dieses? Wie können Sie für Ihre Mitmenschen auf neue Weise wichtig, ein Geschenk sein? Welche Seiten in sich haben Sie wohl bisher zu wenig beachtet? Betrachten Sie dann nochmals das Geschenk mit neuen Augen, und verwahren Sie es zum Schluß sorgsam in Ihrem Gedächtnis.

Öffnen Sie allmählich die Augen, und nehmen Sie zu Ihrer Außenwelt neu Kontakt auf. Dann gehen Sie innerlich nochmal die verschiedenen Stufen der Übung durch und besprechen Sie sie auch mit den anderen Teilnehmern. Versuchen Sie schließlich, einzelne Teile dieser Selbstbegegnungsübung – um eine solche handelt es sich ja! – auch gedanklich und von ihrer Symbolik her zu begreifen und in Ihr Leben zu integrieren.

Dritte Übung: Begegnung mit dem Heiligen

Vorbemerkung: Diese Meditation stammt aus Tibet. Sie wird am besten im Lotos-Sitz oder auf einem Stuhl sitzend durchgeführt: Lesen Sie den Text vorher durch, wie Sie es gelernt haben. Man sollte sich mindestens 20 Minuten Zeit dafür nehmen, besser zweimal 20 Minuten und dazwischen 10 Minuten meditatives Gehen zur Entspannung einlegen. Besonders beeindruckt uns an dieser Übung, daß sie selbst der Anfänger mit Vergnügen und Gewinn durchführen und auch der Erfahrene nicht ausschöpfen kann.

Beim Üben stellen Sie sich eine Ihnen heilige Gestalt vor ihr inneres Auge. Der Christ wird dafür wohl die Gestalt Christi, Maria oder einen

Heilung

ihm lieben Heiligen nehmen, der Buddhist den Buddha, ein nicht religiös gebundener Mensch eine Gestalt wie Gandhi oder Albert Schweitzer. Vielleicht erinnern Sie sich auch an eine Abbildung oder an eine Statue dieser Gestalt, möglicherweise haben Sie ein inneres Bild davon; entscheidend ist jedenfalls, die Gestalt möglichst anschaulich zu vergegenwärtigen, etwa in Augenhöhe. Stellen Sie sich die heilige Gestalt umgeben von einer Lichtaura vor, wie Sie das von vielen christlichen und nichtchristlichen Abbildungen kennen.

Nunmehr lassen Sie das Licht, das von der Gestalt ausgeht, durch Ihr rechtes Nasenloch in Ihren ganzen Leib hineinfließen, auch bis an jene Stellen, an denen dieser in Spannung oder »in Unordnung« ist. Es spielt dabei keine Rolle, ob die Spannung körperlich bedingt ist oder

Reinigung

seelisch, zum Beispiel, weil Sie mit einem bestimmten Problem nicht fertigwerden. Stellen Sie sich möglichst konkret vor, wie das Licht die Spannung durchfließt, erhellt und reinigt. Beim Ausatmen strömt die aufgelöste Spannung als dunkle Qualmwolke aus Ihrem linken Nasenloch heraus und wird vom Boden aufgenommen oder verfliegt irgendwohin in den Kosmos.

Wenn Sie die Übung einigermaßen beherrschen, dann können Sie sie ausweiten: Stellen Sie sich auch andere Menschen vor, die am heilbringenden Licht teilhaben; zunächst Menschen, die Sie mögen und die Ihnen sympathisch sind, dann solche, die Sie nicht genauer kennen.

Teilhabe

Versuchen Sie schließlich, auch Menschen in die Lichtmeditation einzubeziehen, die Ihnen unsympathisch sind oder mit denen Sie nicht zurechtkommen. Stellen Sie sich diese Menschen möglichst anschaulich vor, mit allen Gesichtszügen und Einzelheiten der Gestalt. Behalten Sie bei Ihrer Übung zugleich immer im Blick, daß sich der Anteil des Ihnen geschenkten Lichtes nicht vermindert, wenn auch andere an ihm teilhaben dürfen.

Vierte Übung: Zuwendung zu den Leidenden

Vorbemerkung: Diese im Buddhismus als Metta-Meditation bekannte Übung steht in enger Beziehung zur vorhergehenden und ergänzt sie. Üben Sie den Text vorher ein, wie Sie es gelernt haben, denn auch diese Übung wird in möglichst tiefer Konzentration vollzogen; dabei geht es darum, die Nächstenliebe zu entfalten. (32)

Güte

Beginnen Sie damit, sich eine Person vorzustellen, von der Sie in Ihrem Leben in besonderem Maß Güte erfahren haben, von der Mutter, vom Vater, von einem Freund oder von wem sonst auch immer. Versuchen Sie, diesen Menschen möglichst leibhaftig zu vergegenwärtigen und die Erfahrung der Güte möglichst anschaulich zu erinnern. Suchen Sie auch, die Freude und Dankbarkeit in sich wiederzuerwecken, die die Güte des anderen in Ihnen bewirkte. Dann stellen Sie sich – wiederum möglichst anschaulich – Menschen vor, die *Ihrer* Güte bedürfen, weil sie leiden. Beginnen Sie wie bei der letzten Übung mit Ihnen Nahestehenden, dehnen Sie dann die Übung auf die Wesen aus, die Sie nicht näher kennen.

Liebe

Suchen Sie schließlich, Ihr Gefühl von Güte und Liebe auch jenen zuzuwenden, denen gegenüber Sie Abneigung oder Feindschaft empfinden. Wenn Ihnen das an einer bestimmten Stelle der Meditation mißlingt, dann machen Sie sich ruhig und ohne Schuldgefühle klar: »Hier ist jetzt meine Grenze. Aber ich will versuchen, in Zukunft meine Liebe auf immer mehr Wesen auszudehnen.«

Gerade die Metta-Übung macht uns mit weiteren wesentlichen Gesichtspunkten der Meditation vertraut. Sie gründet nicht in einem utopischen Menschenbild, sondern in unseren realen Möglichkeiten.

Nächstenliebe

Damit steht sie in der Tradition der großen Religionsstifter. So sagte der Buddha, er habe niemanden getroffen, der nicht sich selbst am meisten geliebt habe: »Gerade wie ich die Freuden liebe und die Schmerzen verabscheue, wie ich zu leben und nicht zu sterben wünsche, so ist es auch bei den anderen Wesen.« Und Jesus weitet das alttestamentarische Gebot der Nächstenliebe sogar zur Aufforderung aus: »Liebet Eure Feinde.«

Verantwortlicher Umgang mit der Phantasie

Treiberin und –

Bei den letzten vier Übungen haben wir unsere Phantasie als Hilfsmittel für die Meditation benutzt. Phantasien haben offenbar zwei Aspekte. Den einen hat Sigmund Freud charakterisiert: »Unbefriedigte Wünsche sind die Triebkräfte der Phantasien«. (33) Niemand sollte daher die Gefahr verharmlosen, mit Hilfe seiner Phantasien aus der Wirklichkeit zu fliehen!

– Trösterin: Phantasie!

Phantasien haben aber auch eine ganz andere Funktion: Wir können mit ihrer Hilfe gleichsam Brunnenschächte graben zur Quelle der Sinnbilder, der Symbole. Das ist bei unseren Übungen geschehen. An den Bildern unserer Übung, zum Beispiel dem Berg, der Pflanze, dem Tier, dem weisen Alten, dem Heiligen, wurde uns deutlich, daß diese gleichsam über sich hinausweisen, und zwar dann, *wenn man sich ganz konkret auf das einzelne Bild einläßt.* Das ist ein wesentliches Merkmal von Urbildern, von Symbolen. Goethe sagt dazu in den »Sprüchen in Prosa«: »Die Symbolik ... verwandelt die Erscheinung in Idee, die Idee in ein Bild und so, daß die Idee im Bild immer unendlich wirksam und unerreichbar bleibt, selbst in allen Sprachen ausgesprochen doch unaussprechlich bliebe.« (742/743)

Ein Ursymbol weist aber nicht nur über sich hinaus. Zugleich ist es gleichsam mit wirkender Kraft geladen (34), die sich der Meditierende aneignen kann – in unseren Übungen zum Beispiel die Kraft, sich auf sein Menschsein zu verlassen, auf seinen »inneren Lenker« zu hören oder Gutes zu tun.

Kraftquellen erschließen

Der erste Schritt bei den imaginativen Methoden der Meditation besteht also darin, daß wir unsere Phantasie in rechter Weise verwenden, nicht zur Weltflucht, sondern um die überpersönlichen und kraftgebenden Möglichkeiten zu erschließen, die sie zu eröffnen vermag. Aber damit ist es nicht getan, es muß ein zweiter Schritt hinzukommen:

Insbesondere an der Metta-Übung wird uns deutlich, daß *Meditation letztlich auf die mitmenschliche und die geistige Wirklichkeit hinzielt.* So kann sie einlösen, was Gopi Krishna als einziges sinnvolles Ziel der Meditation ansah, nämlich Gott und den Mitmenschen besser lieben zu lernen.

Wer dagegen mit Hilfe der Meditation bloß tüchtiger werden möchte, statt der Wirklichkeit zugewandter und reifer, verkennt ihr Wesen. Dabei ist die Meditation als solche kein religiöser Akt und auch die Welträtsel kann sie nicht lösen. Ja, Ignatius von Loyola ging sogar noch einen Schritt weiter und betonte, daß die Imagination als solche wertlos sei. Dieser Satz ist deshalb so bemerkenswert, weil Ignatius das »Verspüren und Verkosten der Dinge« so sehr ins Zentrum seiner »Geistlichen Übungen« (35) stellte. Nicht darauf komme es jedoch an, sondern auf die »Wahl«, auf die Bereitschaft, sich in Übereinstimmung mit dem zu bringen, was Gott von einem will. Für den Nicht-Religiösen könnte das heißen, daß er die mitmenschliche und die geistige Wirklichkeit, wie sie *ihm* begegnen, bejaht und anzunehmen sucht. Dieser Wille Gottes und dieses »Annehmen der Wirklichkeit« sind jedoch sicher nicht statisch zu verstehen, sondern Schritte auf dem Weg zu einem neuen Bewußtsein.

Wählen

Annehmen der Wirklichkeit

Auf dem Weg zu einem Neuen Bewußtsein?

Lieber Leser! Vielleicht haben Sie sich gewundert, warum wir so wenig von diesem Neuen Bewußtsein sprachen, auch so wenig von Kontemplation (36) oder Erleuchtung (37), wo diese Begriffe doch so eng mit der Meditation in Zusammenhang gebracht werden.
Wir sind der Überzeugung, daß die Menschheit im Laufe ihrer Entwicklung verschiedene Phasen des Übergangs in neue Bewußtseinszustände durchgemacht hat, daß diese Phasen jedes Mal kritisch waren, daß auch wir gegenwärtig in einer solchen Phase stecken, daß aber dieser Übergang unausweichlich ist, wenn wir überleben wollen. (38) Dabei kommt der Meditation eine besondere Bedeutung zu. Gerade durch den starken Bezug auf das Hier und Jetzt und ihre Konzentration auf das Wesentliche schärft sie den Blick für das, was *jetzt* »notwendig« ist. Das heißt aber zugleich, daß der Übergang zu einem neuen Bewußtseinszustand immer bei einem selbst anfängt, und zwar mit einem ersten Schritt.

Den ersten Schritt tun

Um die Vermittlung dieses ersten Schritts ging es uns, wobei selbst die tiefste Erleuchtung oder die innigste Kontemplation wiederum nur ein erster Schritt wäre. Wer meditiert, kommt zu keinem Ziel, zu keinem »letzten Wort«. Das ist nicht die Tragik, sondern die Eigenheit und Würde der Meditation. Aber vielleicht kommt er zu einem »ledigen Gemüt«, wie es Meister Eckhart (etwa 1260 bis 1328) (39) nennt, zu einer wachsenden Bereitschaft, sich für eine größere Wirklichkeit freizumachen.

Yin-Yang-Symbol

Zum Nachschlagen

Sachregister

Verwendete Literatur

Vorbemerkung: Wir haben die Zitate so ausgewählt, daß dadurch ein möglichst umfassender Einblick in wichtige Veröffentlichungen zu unserem Thema entstehen sollte. Einige von uns nicht herangezogene Bücher, die aber für ein vertieftes Verständnis der Meditation wesentlich sind, ergänzen unser Verzeichnis.

Die Nummern im laufenden Text verweisen auf diese Qellen:

1. Siehe Rosenberg A.: *Christliche Bildmeditation;* 18ff., München 1975
2. Enomiya-Lassalle H. M.: *Zen-Unterweisung;* München 1987
3. *Die Wolke des Nichtwissens,* Übertragen und eingeleitet von Wolfgang Riehle, Einsiedeln 1980
4. Siehe dazu Huth W.: *Gefahren der Meditation;* in: Stimmen der Zeit 203, 303–313, 1985 sowie 203, 389–398, 1985
5. Siehe dazu Huth W.: *Wahl und Schicksal;* 233, Bern, Stuttgart, Wien 1976
6. Siehe dazu Huth W.: *Begegnung von Ost und West;* in: Stimmen der Zeit, 205, 685, 1987
7. Feuerstein G.: *Der Yoga im Lichte der Bewußtseinsgeschichte der indischen Kultur;* 101, Schaffhausen 1981
8. Siehe dazu Dürckheim K.: *Hara, Die Erdmitte des Menschen;* Weilheim/Obb. 1970[4]
9. Näher beschrieben bei Huang Ch. A.: *Lebensschwung durch T'ai chi;* 31, Weilheim 1985[4]
10. Siehe Brandt B.: *Sitzen, Schweigen, Hören;* Mainz 1986
11. Siehe Dürckheim K.: *Meditieren – wozu und wie;* 125ff., Freiburg 1983
12. Genaue Beschreibung bei Nyanaponika M.: *Geistestraining durch Achtsamkeit;* Konstanz 1984[3]
13. Govinda Lama A.: *Schöpferische Meditation und multidimensionales Bewußtsein;* 139–140, Freiburg/B. 1977
14. Näheres siehe Hauer H. W.: *Der Yoga. Ein indischer Weg zum Selbst;* 19, Stuttgart 1958
15. Siehe auch Dürckheim K.: *Meditieren wozu und wie;* a. a. O. 21ff.
16. Siehe Huth W.: *Glaube, Ideologie und Wahn;* München 1984
17. Die Anregung verdanken wir Linnewedel J.: *Meister Eckharts Mystik;* 111, Stuttgart 1983
18. Zitiert nach Govinda A.: *Lebendiger Buddhismus im Abendland;* 200, Bern, München, Wien 1986
19. Suzuki D. T.: zitiert nach Govinda Lama A.: *Lebendiger Budhismus im Abendland;* a. a. O. 175. Siehe auch Suzuki Sh.: *Zen-Geist Anfänger-Geist;* Zürich 1982[3]
20. Kapleau Ph.: *Die drei Pfeiler des Zen;* 36, Bern, München, Wien, 1979[4]
21. Siehe Nyanaponika, M.: *Geistestraining durch Achtsamkeit;* a. a. O.; 169ff.
22. Diese und die folgende Übung teilweise in Anlehnung an Steiner R.: *Wege der Übung;* 100ff., Stuttgart 1984[3]
23. Siehe dazu Riemann F.: *Grundformen der Angst;* München, Basel 1961
24. Cohn R. C.: in Farau A./Cohn R. C.: *Gelebte Geschichte der Psychotherapie;* 352ff., Stuttgart 1984
25. Balthasar H. U. v.: *Das betrachtende Gebet;* 272, Einsiedeln 1960, zitiert nach Enomiya-Lassalle H. M.: *Zen und christliche Spiritualität; 87, München 1987*
26. *Siehe Jung C. G.: Der Mensch und seine Symbole;* Olten 1968
27. Rittelmeyer F.: *Meditiation. Zwölf Briefe über Selbsterziehung;* 68, Stuttgart 1935, 11.–13. Tausend
28. Heiler F.: *Erscheinungsformen und Wesen der Religion; 167ff., Stuttgart 1961*
29. *v. Weizsäcker C. F.: Der Garten des Menschlichen;* 549–550, München, Wien 1978[4]
30. Beschreibung der Übung in teilweiser Anlehnung an Stevens J. O.: *Die Kunst der Wahrnehmung;* 260–261, München 1976[2]
31. Diese im Tibetischen verbreitete Übung findet sich gleichfalls bei Stevens J. O.: *Die Kunst der Wahrnehmung;* a. a. O. 166–167
32. Siehe zu dieser Übung v. Brück, R. und M.: *Ein Universum voller Gnade;* Freiburg 1987. Die Autoren bringen wesentliche

Hinweise auf die genannte Übung.
33. Freud S.: *Gesammelte Werke I–XVII;* Bd. VII, 216, London o. J.
34. Rosenberg A.: *Einführung in das Symbolverständnis. Ursymbole und ihre Wandlung;* 16–17, Freiburg, Basel, Wien, 1984
35. Ignatius von Loyola: *Geistliche Übungen. Übertragung und Erklärung von Adolf Haas;* Freiburg, Basel, Wien 1977[3]
36. Jäger W.: *Kontemplation. Gottesbegegnung heute;* Salzburg 1982
37. Enomiya-Lassalle H. M.: *Zen und christliche Mystik;* 104 ff., Freiburg/Br. 1986
38. Siehe dazu Gebser J.: *Ursprung und Gegenwart;* Gesammelte Werke Bde. II–IV, München 1984 sowie Enomiya-Lassalle H. M.: *Leben im Neuen Bewußtsein;* München 1986
39. Meister Eckhart: *Deutsche Predigten und Traktate;* 4 ff., München 1955

Weitere Literatur zum Thema

Albrecht C.: *Psychologie des mystischen Bewußtseins;* Mainz 1976 sowie vom gleichen Autor: *Das mystische Erkennen;* Mainz 1982
Aurobindo Sri: *Der integrale Yoga;* Hamburg 1957
Dürckheim K.: *Der Alltag als Übung;* Bern, Stuttgart, Wien 1970[3]
Dumoulin, H.: *Östliche Meditation und christliche Mystik;* Freiburg, München 1966
Govinda Lama A.: *Grundlagen tibetischer Mystik;* Bern, München, Wien 1974[4]
Haack F.: *Jugendreligionen;* München 1979
Johannes vom Kreuz: *Sämtliche Werke;* 4 Bände, Einsiedeln 1961–1964
Laotse: *Tao te king;* Düsseldorf, Köln, 1957, 47. Tausend
Lotz J. B.: *Transzendentale Erfahrung;* Freiburg, Basel, Wien 1978
Pirsig R. M.: *Zen und die Kunst, ein Motorrad zu warten;* Frankfurt/Main 1978
Schimmel A.: *Mystische Dimensionen des Islam. Die Geschichte des Sufismus;* Köln 1985
Stachel G. (Hrsg.): *munen musō. Ungegenständliche Meditation.* Festschrift für Pater Hugo M. Enomiya-Lassalle SJ zum 80. Geburtstag. Mainz 1980[2]
Steiner R.: *Wie erlangt man Erkenntnisse der höheren Welten?;* Stuttgart 1961
Wehr G.: *Der innere Weg;* Hamburg 1983.

Weiterhin empfehlen wir die Zeitschrift: »Meditation. Zeitschrift für den christlichen Vollzug«, Verlag Christianopolis, Flutweg 19, D-7880 Säckingen

Meditations-stätten

Sie finden hier eine Auswahl von Meditationsstätten, die wir so zitieren, wie diese sich selbst in Prospekten darstellen.

»Christliche Meditation im Süddeutschen Raum«
Verantwortlich für die Herausgabe der Übersicht:

Frau Maria Brunnhuber
Exerzitienhaus München
Schloß Fürstenried
D-8000 München 71

»Christliche Meditation in Nord- und Westdeutschland«
Verantwortlich für die Herausgabe der Übersicht:
Pater Josef Bill S.J.
Lennéstraße 5, D-5300 Bonn 1
kann angefordert werden bei:
Erzbistum Köln
Abteilung Gemeindepastoral
Referat spirituelle Dienste
Marzellenstraße 32
D-5000 Köln 1

Außerdem können Sie bei den Seelsorgereferaten beider Konfessionen und bei Volkshochschulen Adressen erfahren.

Tibetische Meditationskurse:
(unter Obhut
S. H. des XIV. Dalai Lama)

Tibet-Institut
CH-8486 Rikon im Tösstal

Tharpa-Choeling, Centre des Hautes Etudes Tibétaines
CH-1801 Le Mont Pélerin

Meditationshäuser, die Zen- und kontemplative Meditation anbieten:

Bundesrepublik:

Exerzitienhaus der Diözese Berlin
Lüdickeweg 5–7, D-1000 Berlin 22

Benediktiner Missionare
Benediktstraße 19
D-2845 Damme

Gundula Meyer (Zen-Meisterin)
Am Dorfanger 2
D-3176 Meinersen-Ohof

Pater Johannes Kopp S. A. C. (Zen-Meister)
Bistum Essen, Dezernat für pastorale Dienste; Abt. VII,
Burgplatz 3, D-4300 Essen 1

Benediktinerabtei Maria Laach
D-5171 Maria Laach

Exerzitien- und Bildungshaus der Pallottinerinnen
Kloster Marienborn
Weilburgerstraße 5
D-6250 Limburg/Lahn

Ökumenisches Zentrum für Meditation und Begegnung
D-6642 Mettlach-Tünsdorf

Existenzialpsychologische Begegnungs- und Bildungsstätte
Rütte, Prof. Dr. Karlfried Graf Dürckheim
Graf-Dürckheim-Weg 12a
D-7865 Todtmoos-Rütte

Domicilium
Leitung und Anmeldung:
Helena und Bogdan Snela
Waisenhausstraße 20
D-8000 München 19

Meditationshaus St. Franziskus
Klostergasse 8
D-8435 Dietfurt/Altmühltal

Meditationszentrum
Haus St. Benedikt
Pater Willigis Jäger O.S.B. (Zen-Meister)
St. Benediktstraße 3
D-8700 Würzburg

Österreich:
Adressen sind zu erfragen bei:
Pastoralamt der Erzdiözese Wien
Exerzitien-Referat
Stephansplatz 6, A-1010 Wien

Bildungs- und Exerzitienhaus der Barmherzigen Schwestern
Rennweg, A-6020 Innsbruck

Haus der Stille, Kloster Rosental
A-8081 Heiligenkreuz a. Waasen bei Graz

Schweiz und Fürstentum Liechtenstein:
Adressen in »Kursbuch – Bildung und Besinnung«, erhältlich bei:
Arbeitsstelle für Bildungsfragen der Schweizer Katholiken
Hirschengraben 13
Postfach 2069, CH-6002 Luzern

Bildungshaus Bad Schönbrunn
CH-6311 Edlibach/ZG

Holland:
»De Tiltenberg« International Grailcentre, Zilkerduinweg 375
NL-2114 Am Vogelenzang

Bei Anforderung von Prospekten bitte ans **Rückporto** denken!